나의 노선
My Way

나의 노선
My Way

천정배의 삶과 정치 역정
The life and political journey of Chun Jung-bae

머리말

바람에도 길이 있다. 찬바람이 내려오면 가을이다.
눈에도 길이 있다. 하늘에도 길이 있다. 바닷속 물고기들도 자기 길을 따라서 산다.
대자연에 길이 있듯, 인간사에도 길이 있다. 사람이 움직인 거대한 길을 역사라고 부른다.
나에게도 길이 있다.
이 책은 그 길을 걸어온 나의 노선에 관한 이야기다.

길을 갈 때는 좌표가 필요하다.
내 고향 개펄 어귀에 해마다 적도에서 찾아오는 뱀장어는 어디에 나침반이 들어 있기에 잊지도 않고 고향으로 회유하는 것일까. 강릉 남대천의 연어는 무엇이 그리워서 자신이 부화했던 모천으로 돌아와 몸을 온통 바위에 짓찧으면서 죽어가는 것일까.

나는 언제 좌표를 얻었고, 나의 나침반은 어떤 것이었을까. 살아오면서 나는 묻곤 하였다. 그리고 그 좌표에서 어긋나지 않기 위해 부단히 애를 써왔다. 길을 잃어버리지 않기 위해.

차를 타고 갈 때 생기는 어지럼증을 멀미라고 한다. 멀미를 앓으면 자칫 길을 포기해야 할 수도 있다. 노선은 그 멀미를 막을 수 있는 지혜이자 용기이고, 그 길의 궤적이다.

서산대사는 자신의 노선을 아름다운 한시로 남긴 바 있다.

踏雪野中去(답설야중거) 不須湖亂行(불수호란행)
今日我行跡(금일아행적) 燧作後人程(수작후인정)
눈 덮인 들길 걸어갈 제 함부로 발길 내딛지 말라.
오늘 남긴 내 발자국이 마침내 뒷사람의 노정이 되리니.

백범 김구 선생은 이 한시를 여러 차례 자신의 휘호로 옮겼다. 나 또한 이를 거울 삼아 적어도 나의 자식들과 후배들이 내가 지나온 발자국을 안심하고 밟을 수 있도록 하기 위해 노력했다.

이 책은 나의 노선에 관한 이야기다. 나의 노선이 구부러졌는지, 곧았는지, 올바랐는지에 대한 판단은 전적으로 읽는 이의 몫이다. 다만 나는 나의 길, 나의 노선에 관해 진솔하게 말하고자 했을 따름이다.

눈이 내린다. 자, 다시 길을 떠나자.

2019년 3·1운동 100주년
첫눈이 내리는 날, 금당산 밑에서
천정배

차례

머리말 005

1부 나를 키운 삶의 씨앗들

　내 인생의 씨앗 013
　어머니 같은 길 021
　두륜산, 내가 본 우주 028
　수석 학생이 못 배운 것들 034

2부 양심의 길로 가라, 비겁자여

　어리석은 나침반 043
　매우 안락했던 시절 048
　취한 나그네 054
　사막을 건너는 법 061
　나는 들었다 068

3부 나의 길, 나의 노선

　내 청년 시절의 인간 좌표 둘 079
　노래에 자유의 날개를 달다 ─인권변호사 시절 이야기 089
　나의 아내, 나의 청춘 096
　나의 또 다른 아버지 102

4부 정치는 밥상이다

    우리 집에 온 김대중 111
    정권 교체의 거대한 물결을 타고 119
    정권 교체, 그날 125
    이것이 민주 정부다 130
    노무현 후보를 혼자 지지한 까닭은 139
    두 번째 대통령 선거에서 이기던 날 155
    나의 공부 160
    가장 긴 전화 통화 —강정구 교수 사건 수사 지휘권 전후 171
    내 수염이 가르쳐준 것들 —한미 FTA 단식 안팎 179
    민생 속을 달리는 포장마차 187
    저항과 민주주의의 뿌리 —이것이 호남 정신이다 195
    평범하고도 비범한 나의 벗들 208
    다시 나의 노선 218
    나의 노선 —서의숙 222
    나의 노선 —큰딸 227
    나의 노선 —작은딸 231

1부

나를 키운 삶의 씨앗들

내 인생의 씨앗

할머니는 일자무식이었다. 한문도 한글도, 글자는 하나도 몰랐다. 하지만 할머니는 문자로는 다 쓸 수 없는 지혜를 지니고 있었다. 지금껏 살아오면서 나는 어떤 위대한 영웅이나 초중고교 선생님이나 어떤 정치인보다 할머니 이야기를 자주 해왔다. 이미 귀밑머리 흰 나이가 되었건만 할머니가 가르쳐준 것들은 마르지 않는 우물과도 같아서 삶에 목이 마르거나 지혜를 구하기 어려울 때마다 당신을 향해 두레박을 던지게 한다.

할머니는 할아버지의 재취였다. 할아버지가 상처한 뒤에 두 번째로 들어온 부인이었다. 증조할아버지와 할머니의 아버지는 글동무였다. 듣기에 두 분은 만나서 함께 시조를 읊거나 세상 돌아가는 이야기를 나누는 막역한 사이였다고 한다. 할머니네 고향은 내가 태어나서 성장한 암태도 바로 옆에 있는 섬인 자은도다. 자은도의 자은은 한자로는 자애로울 자(慈) 자, 은혜로울 은(恩) 자를 쓴다. 나는 할머니를 생각할 때면 그 두 글자를 떠올리게 된다. 할머니는 실로 자애롭고 은혜로운 사람이었던 터다.

전처 소생의 어린 딸이 있는 집으로 할머니는 시집을 왔다. 지금 같으면 어림없는 일이다. 할머니는 두 아버지의 결정을 뿌리칠 생각조차 하지 못한 채 배를 타고 섬을 건너 시집을 왔다. 23년 전에 암태도와 자은도 사이에 다리가 놓였지만 그때는 노 젓는 배를 타고 와야 했다.

할머니가 건사해야 하는 식구는 위로는 시할머니와 시아버지, 시어머니, 남편이 있고 아래로는 여섯 명이나 되는 시누이와 시동생, 남편 전처 소생, 그리고 할머니와 할아버지 사이의 자식 다섯 명까지 자그마치 모두 열일곱이었다. 네 칸짜리 초가집에 4대가 모여 함께 살았다. 집안 장손이었던 나 역시 그 집에서 태어났다.

전기도 수돗물도 아무것도 없는 궁벽한 섬마을이었다. 할머니는 달이 지기 전에 일어나서 가장 먼저 우물에 가야 했다. 마른 우물 바닥에 조금씩 고이는 물을 겨우 퍼가지고 와

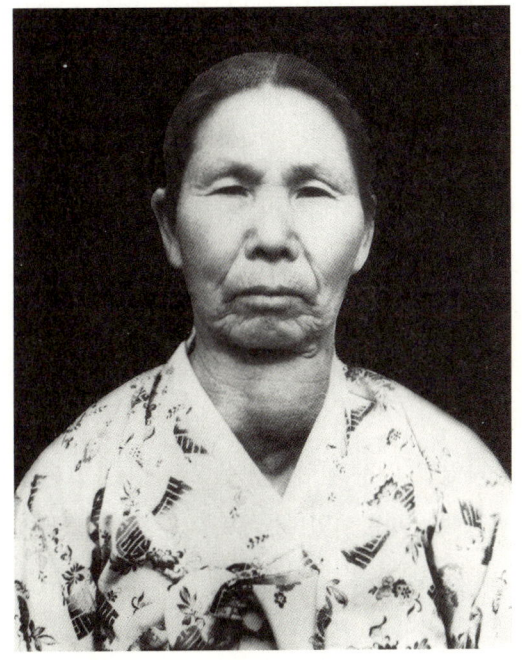

나는 민주주의의 가장 근원적인 씨앗을 할머니에게 배우고 얻었다고 스스로 믿으며 살아왔다.

서 쌀을 씻고 국을 끓이고 부엌에 불을 피워 아침밥을 지었다. 하루 세 번 식구들 끼니를 끓이는 일은 늘 할머니 몫이었다. 바느질과 길쌈도 도맡아 했다. 직접 물레를 돌리고 베틀로 무명을 짜서 해마다 식구들 옷을 해 입혔다. 거의 모든 것을 자급하던 시절이었다. 집 안 구석구석에 할머니의 야문 손길이 닿지 않는 곳이 없었다.

하지만 그건 '일'은 아니었다. 진짜 일은 들판에 나가서 풀을 뽑고 모를 심고 거둬들이는 것이었다. 할머니는 그 모든 것을 탈 없이 어우러지게 하는 조율사이자 농사꾼이었고, 며느리이자 아내였고, 어머니였고, 형수였고, 올케였고, 나의 할머니였다.

어린 손자였던 나는 할머니가 속으로 삼킨 고통을 어렴풋이나마 짐작했을 따름이었다. 굽고 여윈 몸에 오롯이 짊어져야 했던 삶의 무게가 얼마나 무거운 것이었을지, 나는 지금도 그 깊이를 다 헤아릴 수 없다. 어떤 상황에서도 할머니는 자신에게 주어진 삶에 충실했다.

내가 성장해서 고향을 떠날 때까지 할머니의 품행에 대해서 달리 말 삼는 사람은 아무도 없었다. 할머니는 하소연 비슷한 것을 한다거나 힘든 내색을 비추는 법이 없었다. 얼굴빛은 늘 흔들림 없이 온화했고, 행동거지는 단정했다. 식구들에게만 그런 것이 아니었다.

  섬에는 연락선을 타고 들어오는 방물장수들이 있었다. 동네 어디에도 가게 하나 없었고 생필품을 파는 곳도 없었고 더구나 여인들이 써야 하는 반짇고리나 조그만 화장품 같은 것들은 구할 길이 없었다. 방물장수들이 수시로 그런 물건들을 광주리에 이고 와서 섬을 돌아다니면서 팔곤 했다. 그러면 섬 사람들은 농사지은 쌀이나 보리 같은 곡식을 들고 가서 필요한 물건과 맞바꿨다. 당시에 돈은 구경하는 일조차 쉽지 않은 때였다. 암태도에서 가장 큰 도회는 목포였다. 암태도에는 방물장수 같은 뜨내기 장사치들이 와서 따로 머물 곳이 없었다. 여관은커녕 여인숙이나 하숙 하나 없었다. 당연한 일이었다. 섬과 도회를 오가는 경우라면 섬에서 쌀을 실어 내거나, 수산물을 가져가거나, 더러 공산품이 들어오거나, 뭍으로 진학을 한 학생들이 오고 가거나, 혼사나 상사가 있어서 오가는 사람 정도가 고작이었다. 일가붙이가 없는 외지 사람들은 좀처럼 오지 않는 게 서남해 무수한 잔별처럼 흩어진 섬이었다.

  내가 아주 어렸을 적부터 우리 집은 방물장수들이 으레 머무는 집이었다. 그들은 붉고 파란 색깔 고운 실이나 바늘, 거울, 때로 옷감 같은 것들도 가지고 와서 우리 집에 풀어놓곤 했다. 그네들이 할머니를 부르는 말은 모두 같았다.

"어무이."

어머니라는 남도 말이다. 그네들의 말은 늘 정겨웠고 친어머니를 대하듯 했다. 우리 식구와 방물장수는 함께 밥을 먹었고 밥상도 다르지 않았다. 그렇다고 할머니가 무슨 대가를 받거나 물건값을 싸게 후려치거나 하는 건 결코 아니었다. 할머니는 그런 사람이었다. 방물장수뿐 아니라 농번기마다 철새처럼 오가는 일꾼이며 외지에서 전근 온 학교 선생님까지 우리 집 사랑방에는 사시사철 손님이 끊이지 않았다.

할아버지는 농사일이 벅차 일꾼을 둔 적이 있었다. 다들 십대 후반쯤 되는 나이였는데 향리에서는 머슴이나 계절 노동자를 다들 일꾼이라고 불렀다. 대개 그들은 어찌하여 말 못할 사연을 안고 이 외딴 섬까지 밀려온 경우들이었다. 해마다 이 집 저 집 옮겨 다니며 몇 해 머물다가 떠나고는 했는데 할머니는 이들을 어김없이 한식구로 대했다. 우리 형제들은 물론이고 마을 아이들에게도 형이라고 깍듯이 부르게 했고, 우리가 조금이라도 버릇없이 굴면 따끔하게 야단을 쳤다.

할머니는 다른 사람에게 사람다움을 베풀기를 좋아했다. 사람들은 흔히 그걸 '인심이 좋다'고들 하는데 요즘 자주 쓰는 말로 풀자면 휴머니티에 맞춤할 게다. 한 번 더 말을 보태자면 아무도 차별하지 않는 삶의 태도를 뜻한다. 그런 터라 나는 민주주의의 가장 근원적인 씨앗을 할머니에게 배우고 얻었다고 스스로 믿으며 살아왔다. 민주주의란 단지 제도가 아니라 삶에 대한 배려, 차별하지 않는 데 뿌리를 두어야 한다고 생각한다. 국회의원 생활을 20년 넘게 하는 동안 나는 제도를 만들기 위해 다양한 활동을 해왔는데, 올바른 제도란 그러한 '인심'이 발전하고 유지될 수 있도록 하는 것이어야 한다고 믿고 있다.

어쩌다 나는 할머니에게 섭섭함을 느낀 적도 있었다. 집 안에 엿가락이라도 생기면 할머니는 나와 내 친구들에게 똑같이 나눠주곤 했다. 내 몫으로 엿가락 하나쯤은 남아 있을 거라는 기대를 은근히 갖는 게 이상한 일은 아니었다. 하지만 그 기대는 늘 빗나가곤 했다. 어린 마음에 야속하기도 했다. 혹시 할머니가 그 시절에는 잘 쓰지 않는 말이었지만 나를 그다지 '사랑'하지 않는 게 아닌가 하는 얕은 의심마저 들 정도였다. 물론 그건 아주 잠시였을 따름이다.

언젠가 할머니에게 여쭤본 적이 있다.

"할머니, 내 엿 더 없어요?"

할머니는 대답했다.

"그걸 왜 묻는 거냐? 우리 집에 있는 엿은 아까 너랑 니 친구들이 다 나눠 먹었잖니."

내가 심드렁한 표정을 짓자 할머니는 내 손을 쓰다듬으면서 말했다.

"아그야, 사람은 누구나 다 똑같이 귀하게 대해야 쓴다."

할머니가 내게 뿌린 씨앗으로 나는 지금껏 살아왔다. 그러므로 할머니는 나의 노선을 정해준 첫 사람이다. 때로 각도가 벌어지기도 하고 좁혀지기도 했겠지만 나는 그 좌표를 따라 움직여왔다.

이 책은 그 좌표에 관한 보고서다. 곧 나의 노선에 관한 이야기다.

어머니 같은 길

내가 태어난 곳은 신안군 암태면 신석리다. 신석리 뒤에 있는 산은 지북산이다. 지북산은 남도 말로 '우게(위)'라는 뜻이다. 그러므로 지북산은 집 위에 있는 산(집 우게 산, 지북산)이 된다. 그 산은 나의 놀이터이자 동산이었던, 나의 탯줄 같은 곳이다. 나는 툭하면 지북산에 올랐다. 혼자 심심할 때는 괜히 올랐고, 심부름 다녀오는 길에도, 등하굣길에도 올랐고, 친구가 집에 놀러 오면 꼭 데려가는 동산이고 놀이길이었다. 하루는 친구들과 큰맘 먹고 학교 수업을 빼먹은 적이 있는데 어른들 눈을 피해서 하루 실컷 놀았던 곳도 지북산이다. 아마도 학교를 부러 빠진 날은 일생을 통해 그 하루가 전부였던 듯하다.

지북산은 길을 잃을 수가 없는 산이다. 그닥 높거나 깊은 산도 아니었고 등산로가 따로 있지도 않았다. 애초에 정해진 길이 없으니 그저 마음 내키는 대로 가면 그 자취가 곧 길이 되었다. 나는 거친 수풀을 헤치고 집채만 한 바위를 넘고 일부러 험한 곳만 골라 다니기를 좋아했다. 칡을 캐고 진달래를 따 먹고 나무를 타는 작은 모험을 즐기다 보면 금세 날이 저물곤 했다. 산속 어디쯤 왔는지 위치를 정확히 몰라도 굳이 걱정할 필요가 없었다. 위만 보고 똑바로 걷다 보면 곧 꼭대기에 이르렀다.

나는 날마다 지북산에 새 길을 냈다. 나의 유년은 흙 향기와 햇빛과 바람과 늙은 나무와 작은 산짐승을 쫓고 뒹굴던 일들로 가득 차 있다. 그 기억들은 삶이 닳거나 할 때 나를 원래 자리로 되돌려놓곤 했다. 고백하지만 나는 산 능선을 따라 계단을 놓거나 나무판을 깔아서 말끔히 닦아놓은 등산로를 보면 여전히 낯설다. 지북산에게 산을 배운 까닭이리라.

암태도는 어린 내가 알고 있던 세계의 전부였다. 반백 년이 흘렀지만 고개만 모로 돌려도 너른 들판과 마을로 향한 길이 내 가슴에서 뻗어 나간다. 이따금 고향에 내려가노라면 그 들판과 길들은 진작에 사라지고 없다. 고향이 바뀌어서가 아니다. 넓은 들판과 먼 데로 향한 흰 신작로, 높기만 하던 태산은 온데간데없이 손바닥만 한 공터와 오솔길, 낮은 언덕배기 뿐이다. 고향이 줄어들어 있는 것이다. 실은 지북산은 높이가 100미터도 채 되질 않아서 지도에 이름조차 나오지 않는다. 차라리 작은 둔덕이라 해야 옳을 것이다. 내 유년의 거대한 세계는 이미 세상 구경을 싫도록 한 어른이 된 내게 작은 뜨락 같은 크기에 지나지 않게 된 것이다.

암태도에서 진짜 산은 따로 있었다. 집 마당에 서서 바라보면 간척 들판 건너편에 해발 355미터가 되는 제법 높은 봉산이 우뚝했다. 되봉산은 한자로 되 승(升) 자, 승봉산이다. 암태도 옆 자은도에는 말봉산이 있다. 말봉산은 한자로 두(斗)봉산이다. 쌀 열 되가 한 말이다. 둘 다 배고픈 시절 섬사람들이 산을 보고 고봉으로 쌓인 쌀밥 같은 꿈을 비는 마음에서 붙인 이름이다.

내가 다녔던 암태동국민학교는 집에서 1킬로미터쯤 떨어져 있었다. 나보다 한두 살 많았던 5촌 당숙 둘을 따라서 나는 일곱 살에 학교에 들어갔다. 이제는 초등학교로 이름이 바뀐 국민학교 1학년 교실에는 책걸상이 따로 없었다. 우리는 차가운 마룻바닥에 엎드려서 받아쓰기 공부를 했다. 한국전쟁이 막 끝난 때라서 아이들은 크게 늘었지만 종이나 연필 같은 학용품은 형편없이 부족했다. 암태동국민학교에는 한 학년에 한 학급밖에 없었다. 나는 75명과 한 반이 되어 내리 6년을 함께 공부했다. 여자아이들은 갓난쟁이 동생을 등에 업고 학교에 오는 일이 흔했다. 남자아이들은 아예 수업을 빼먹는 일이 잦았다. 모내기한다고 학교에 안 오고, 논을 맨다고 결석을 했다. 달리 그걸 진짜 결석이라고 생각하지도 못했다. 일을 해야 먹고살 수 있었기 때문이다. 전교생이 빠짐없이 모이는 때도 있었다. 한 해에 두세 번 미국에서 원조를 받았다는 옥수수가루를 배급해주는 날이었다.

내남 없이 가난하던 시절이었다. 잘 먹고 커야 할 아이들마저 하루 이틀쯤 굶는 일은 예사였다. 다들 책보자기에 도시락을 싸가지고 다녔다. 내 도시락은 보리밥 한 줌에 고추장 반찬이 고작이었지만 다른 친구들을 생각하면 그마저도 호사였다. 반 친구들 중 절반은 고구마 한 알로 허기를 달래야 했고, 통으로 굶는 친구들도 여럿이었다. 이런 형편이다 보니 학교에서 배급해주는 옥수수가루를 타 먹는 일에 빠질 아이들은 없었다. 복도에 길게 줄을 서서 차례를 기다리는 동안 먼저 받은 친구들의 누런 옥수수가루를 넘겨다보면서 마른침을 삼키곤 했다. 그걸로 식구들과 함께 개떡을 해 먹고 강냉이죽을 뭉근하게 끓여 먹을 생각을 하면서 교문을 나서서 집으로 향하는 아이들의 발걸음은 빨라졌다. 어찌하다 그만 가루를 땅에 엎어버리거나 하면 주저앉아 통곡을 하는 경우도 있었다. 어린 동생이 있는 누나처럼 성숙한 여학생들은 더 말할 게 없었다. 그네들은 마치 어머니처럼 울었다. 가난이 헐벗은 소녀들의 속내를 너무 빨리 자라게 한 터였다.

나와 함께 국민학교를 졸업한 75명 동기 중 중학교에 갈 수 있었던 아이는 15명 정도였다. 대학에 입학한 아이는 한 명뿐이었다. 바로 나였다. 그런 터라 나는 어릴 적부터 가난해서 제대로 먹지 못하고 공부할 기회마저 가질 수 없는 사람들에 대해 여러 생각을 하지 않을 수 없었다.

우리 헌법에 국민의 4대 의무로 나오는 교육은 동시에 인간답게 살아가기 위한 기본 권리다. 부모가 가난하다고 해서 보육과 교육 혜택에서 차별받는 아이들을 나는 성장하는 동안 숱하게 봐왔다. 좋은 세상이란 무엇일까. 모든 아이가 밥을 굶지 않고 충분히 교육받을 수 있어야 비로소 그 최소한에 이를 수 있다. 그 길을 제시하고 실행하는 걸 내 평생 과제 중 하나로 여긴 건 고향 친구들에게 진 빚을 갚고자 하는 뜻에서 비롯되었다고 해도 어긋난 말이 아니다.

조선말부터 암태도 사람들은 섬 가운데를 지나는 바닷물을 양쪽에서 막았다. 자연스럽게 섬 좌우에는 긴 둑이 생기게 되었다. 고향에서는 바다를 막은 둑을 '언둑'이라 불렀다. 배고픈 사람들은 손을 억세게 놀려 언둑과 언둑 사이를 간척해서

짜디짠 간수를 빼고 논을 만들었다. 밀물 때마다 둘로 갈라지 곤 했던 암태도는 둑으로 이어져 하나의 섬이 되었다.

우리 집에서 남쪽으로 조금만 가면 왼편으로 언덕이 길게 뻗어 있었다. 그리고 긴 언덕 끝에는 외갓집이 있었다. 외가에 갈 때면 나는 으레 언덕 길 아래를 걷고는 했다. 바다를 막아서 생긴 언덕 길 아래, 갯벌이 마르면서 빚어낸 보드라운 흙길이 나는 늘 좋았다. 언덕 길에 오면 고무신을 벗어 들고 맨발로 흙길을 걸었다. 거무스름한 개흙 길을 걷노라면 복숭아뼈까지 뿌연 먼지가 올라왔고 이따금 발밑에서 소금기가 끼쳐왔다.

언덕 길이 끝나는 지점에 목포로 나가는 포구가 있었다. 나는 언덕 길에 서서 도회로 가는 배들을 하염없이 바라보곤 했다. 연락선이 사라지고 나면 다시 막막한 바다뿐이었다. 나는 아득히 먼 저편, 내가 언젠가 이곳을 떠나가야 할 길을 짐작해보곤 했다. 살아오는 동안 나는 한시도 소싯적 발밑으로 느끼던 어머니 같은 포근한 길을 잊은 적이 없다. 그 언덕 길은 나에게 길의 원형이다.

좋은 세상으로 난 길이란 내가 발아래로 느끼던 바로 그 길이다. 참된 정치란 세상에 그 길을 내는 일이라고 나는 오래도록 믿어왔다. 사람과 사람, 사회와 사회, 국가와 국가, 민족과 민족 사이로 그 길을 내고 또 잇는 일이 나에게 맡겨진 소임이라면 언제라도 기꺼이 짊어지고자 해왔다. 어머니 품으로 난 길이기에.

두륜산, 내가 본 우주

중학교 2학년 때 해남 대흥사로 수학여행을 갔다. 나는 성장하는 동안 거의 내내 사람들에게 수학여행이라고 말해왔지만 엄밀하게는 수학여행이 아니었다. 5백여 명의 전체 학생 중에 수학여행을 가지 못한 학생들 30여 명을 위해 교사 몇 분이 우리를 인솔하여 목포에서 가까우면서도 수학여행을 대신할 만한 곳으로 선택한 곳이 대흥사였다. 아버지는 서울대학을 나온 학교 교사였지만 우리 식구는 초가집에 살았고, 대학에 입학하기 전까지 호롱불 아래서 공부했다. 어찌 되었든 나는 친구들과 함께 수학여행을 가지 못했다.

해남 대흥사는 두륜산 깊은 골짜기에 들어앉아 있었다. 목포의 중학생이던 우리에게 대흥사는 별천지나 다름없었다.

한동안 무리를 지어 사당을 둘러보고 서산대사의 유물을 구경하며 경내 구석구석을 헤집고 다녔다. 어느덧 더는 갈 곳이 없어지자 우리는 대흥사를 에우고 있는 두륜산으로 향했다. 자세히는 기억나지 않지만 산비탈 어디쯤 큰 바위 위에 대흥사 북암이라는 암자가 있었고, 아래쪽에는 남암이 있었다. 산꼭대기까지 올라가면 구름다리가 있었다.

나의 수학여행은 단순했다. 누가 시키지도 않았는데 수학여행을 못 간 수학여행 학생들인 우리 30여 명은 3일 내내 아침마다 숙소에서 일어나 서둘러 아침을 먹고는 두륜산 꼭대기까지 올라가곤 했다. 대흥사에서 꼭대기까지 가는 길은 산행로가 희미하게 나 있었다. 아직 등산을 널리 다니거나 하지 않던 시절이었다.

누가 처음 산길을 이끌었는지는 잘 기억나지 않는다. 분명한 건 나는 아니었다는 사실이다. 사람이 무리를 이루면 누군가 꼭 길잡이가 된다. 나는 그런 일에 익숙하지 않았다. 성장하는 동안 늘 할아버지, 할머니가 나에게 매사 조심하도록 가르쳤고, 그게 익숙해지면서 나는 섬놈이면서 수영도 못하는 '뽕돌(낚시에 다는 납)'이었다. 그런 내가 수학여행 산길을 이끌었을 리는 만무했다. 우리 중 누군가는 틀림없이 산길을 자주 가봤거나, 아니면 그런 일을 앞장서서 능숙하게 해낼 수 있는 친구가 있었을 것이다.

고향 섬 비탈에 주로 소나무가 자라는 것과 달리 두륜산에는 몇백 종의 나무와 희귀식물, 야생화가 빼곡했다. 한참을 오르다 나무 그늘에 앉아서 잠시 쉬어 갈 때였다. 어느 이름 모를 나무의 붉게 타오르는 이파리에 무심코 눈길이 닿았다. 독특한 향에 이끌려 나무 가까이로 다가가려는데 옆에서 지켜보던 친구가 쏜살같이 달려와 내 옷깃을 잡아챘다.

"그쪽으로 가지 마. 옻 오르면 큰일 나."

옻나무 진이 살갗에 닿아 피부염이 퍼지는 걸 흔히 '옻이 오른다'고 한다. 옻이 오르면 온몸에 두드러기가 나고 염증이 생기는 고약한 증상을 겪게 되는데, 당시에는 다들 영양이 부족하다 보니 심하게 앓는 경우에는 더러 죽는 일마저 있었다.

"옻 안 타는 어른도 있지만 우리 같은 애들은 스치기만 해도 옻이 오를 거야. 얼씬도 마."

나는 연신 고개를 끄덕였다. 요즘 말로 치자면 그 고마운 숲 해설사 이름은 김충식이다. 그는 『동아일보』에서 이름을 떨친 언론인으로 성장했다. 이미 그때 학교 공부 말고도 김충식은 다양한 지식 정보가 넘쳐났던 친구다.

지금은 다 기억나지 않지만 그런 벗들은 내 인생에 숱하게 있었고, 그들은 나의 스승이었다. 삼인행 필유아사(三人行必

有我師)라는 말이 있다. 세 사람이 같이 가면 반드시 스승이 있다는 뜻인데 대체 수학여행을 함께 떠난 30여 명의 학생 중에 어찌 그런 친구가 없었겠는가. 산길을 이끌고 무탈하게 수학여행을 마칠 수 있도록 한 친구들은 사흘 동안 나의 지도자가 되어주었다. 또한 가지 못한 수학여행은 일생을 살아오는 동안 수학여행을 못 간 아이들과 같은 마음을 늘 헤아리게 했다.

처음 수학여행을 간 그날, 우리는 두륜산 꼭대기까지 올라갔다. 숨이 턱에까지 차오르는 고비를 몇 번 넘기고 산 정상에 올라서서 북쪽을 바라보았다. 산이 반도의 끝에서부터 북쪽을 향해 용트림하면서 멀리 운무 속으로 사라지고 있었다. 그 저편에 지리산이 있을 것이고, 태백산이 솟아 있을 터이고, 마침내 백두산에 이를 것이었다.

나이 들어 알게 되었지만 한반도의 산 형세는 내가 바라보고 서 있던 두륜산 남쪽에 있는 땅끝 사자봉(갈두산)에서 시작하여 대둔산, 지리산을 거쳐 민주지산에서 노령산맥과 소백산맥이 갈라지고 산맥은 동쪽으로 더 치달아 태백산에 이르러서 등줄기를 이루면서 백두산으로 솟구친다. 나는 우리 국토의 기상을 그때 비로소 처음 보았다. 지리에 대한 지식은 얕았지만 그 아침에 가슴이 열리는 느낌은 처음 받았다.

중2, 수학여행을 갔을 때 이행호 담임선생님과 함께
목포 부근의 갓바위에서(맨 왼쪽이 나).

남쪽으로는 바다가 부챗살처럼 펼쳐져 있었다. 왼쪽은 남해 바다, 오른쪽은 내가 태어난 곳으로 갈 수 있는 시아바다였다. 그때 친구 하나가 소리를 질렀다.

"저기가 완도다!"

믿을 수 없다는 듯이 다른 친구가 말했다.

"네가 어떻게 알아?"

"우리 집이 저기 있거든. 저 섬 중 하나인 소안도."

나는 그날 진짜 바다를 처음 보았다. 두륜산 꼭대기에서 바라본 바다는 일망무제로 트여 있었고, 점점이 흩뿌려진 섬들은 싱그러웠다. 적어도 그 순간만큼은 수학여행을 가지 못한 가난한 학생이 아니었다.

돌아서면 끝없이 굽이쳐가는 산맥, 다시 돌아서면 은빛으로 눈부시게 뒤채는 바다였다. 나는 그날 세상에서 가장 높은 곳에 있었다. 훗날 알프스에도 가보고 높은 산에도 여러 번 올랐지만 두륜산 꼭대기에서 맛본, 가슴 뻐그러지는 듯한 감동에는 이르지 못했다. 그날 나는 내가 우주의 어느 한쪽을 밟고 있음을 온몸으로 깨닫고 있었다. 설악산으로 수학여행을 간 아이들은 나 같은 감동을 맛보지 못했을지도 모른다.

그날 산이 날 이끌었고, 바다가 날 안아주었다. 나의 우주는 그렇게 시작되었다.

수석 학생이 못 배운 것들

나는 암태도에서 공부 잘하는 아이로 일찌감치 소문이 나 있었다. 6학년 때 군 학력경시대회에서 1등을 한 뒤부터 소문은 목포까지 퍼져 나갔다. 국민학교를 마치면서 나는 암태도를 떠나 목포로 건너가 부모님과 함께 살게 되었다. 목포중학교는 근동에서 공부 좀 한다는 아이들이 다 모여드는 학교였다. 목포중학교 입학시험에서 수석을 목표로 공부하고 있던 아이들 사이에서는 암태도에 사는 천정배라는 아이가 수석을 하게 될지도 모른다는 소문이 떠돌았던 모양이다. 하지만 정작 나나 집안 어른들은 과외는커녕 변변한 참고서 하나 없었던 내가 목포중에 붙기만 해도 다행이라고 생각했다. 양쪽의 불길한 예상은 모두 빗나갔다. 나는 수석도 아니었고 떨어지지도 않았다. 그럭저럭 괜찮은 성적으로 중학교에 입학한 나는 공부 잘하는 아이들만 모아놓은 '우수반'에 배치되었다.

이윽고 나는 대처인 목포 생활에 그런대로 적응해가면서 학교생활도 무리 없이 해나갔다. 목포예술제에 글을 내서 몇 차례 상을 받고 작가가 되겠다는 꿈을 키우기도 했다. 그 생각은 오래가지 못했다. 문학이 싫어서가 결코 아니었다. 중학교 2학년 때 전라남도 학술경시대회에서 1등으로 뽑혔는데 이때부터 사람들은 나를 신동이라고 부르기 시작했다. 그 뒤 내 인생은 공부 자체와 떼놓을 수 없는 방향으로 흘러가고 말았다. 나는 그 길을 순순히 받아들였다. 공부를 재미있어했던 나로서는 거부할 만한 다른 까닭이 없었다. 문학이나 예술가의 삶은 섬에서 자란 내게 너무 막연한 것이기도 했을 게다.

나중에 서울대 법과대학에 수석 입학할 때까지 나는 수석 입학과 수석 졸업을 거듭하는 그야말로 1등 학생으로 살았다. 선생님들에게 분에 넘치는 관심과 사랑을 한 몸에 받기도 했다. 어떤 선생님은 집으로 고기 몇 근을 사들고 와서는 어머니에게 "공부를 하려면 체력이 중요합니다. 정배 해 먹이십시오" 하기도 했으니, 그분들에게 한없는 감사를 드리지 않을 수 없다. 지역 어른들에게 받은 칭찬과 격려는 이루 말할 수가 없다. 보릿고개 시대가 채 끝나지 않은 60년대에는 공부 잘하는 아이가 그저 공부를 잘하는 것에서 그치지 않고 그 지역 사람들 모두의 희망이고 자부심이 되었다. 그 시절 목포는 유독 더 그랬다.

내가 여러 차례 수석을 했다는 걸 아는 사람들은 어떻게 하면 공부를 잘하게 되는지 묻는다. 솔직히 말하면 나도 잘 모르겠다. 다만 학교 다닐 때 나는 공부에 관한 한 경쟁 심리나 불안을 느껴본 적이 거의 없었다. 늘 염두에 두고 있었던 건 세상에 대한 탐구였다. 그러려면 공부를 남다르게 부지런히 해야 한다는 생각이 있었다. 영어로 일기를 쓰기도 하고, 다들 시험공부에 매달리고 있을 때 밤을 새워가며 철학 책을 탐독하기도 했다.

나는 분명히 모범생이었지만 알고 보면 기존의 질서에 그대로 순응하는 말 잘 듣는 학생은 아니었다. 학교에서 배운 대로, 선생님이 시키는 대로가 아니라 내 멋대로 공부 방식을 찾아서 하다 보니 자연스레 공부가 재미있게 느껴졌고 집중력이 생겼던 것 같다. 나는 이 점을 강조하고 싶다. 공부할 때도 자기 길이 있어야 하는 것이다.

어른들 잔소리에서 거의 온전히 자유로웠던 이유도 컸다. 우리 부모님은 섭섭하다 싶을 만큼 자식들에게 아무런 요구도 하지 않았다. 단 한 번도 공부하라거나 어떤 대학을 가라고 일러주거나 간섭하거나 기대하는 법조차 없었다. 돌이켜 보면 그런 무념무상의 교육 방식이 내게서 공부에 대한 중압감을 모두 날려주었던 게 아닌가 싶다.

하지만 학교 성적이 1등이라고 해서 세상사에 1등일 수는 없었다. 솔직히 나는 성적이 조금 좋았을 뿐이지 세상살이에서는 볼품없었다. 설령 학업을 등한시한다고 해서 삶에 뒤떨어질 리 없다. 그래서도 안 된다. 어디에나 스승이 있고 어디에나 가르침이 있다. 바다에 가면 물고기를 가장 잘 잡는 사람이 1등이고, 산에 가면 땔나무 잘하는 사람이 우등이고, 가을 들녘에서는 벼 잘 베는 총각이 최고다. 세상사에는 저마다 뛰어난 사람이 두루 있다. 나는 바닷가 아이들이라면 다섯 살이면 다들 잘하는 수영도 할 줄 몰랐고, 달리기를 잘하는 것도 아니었고, 낫질을 재게 놀려 꼴을 잘 베는 아이도 아니었다. 나는 시험 성적 말고는 다른 인생 과목 대부분에서는 낙제생이었다.

나는 수줍음을 많이 타서 사람들 앞에 잘 나서질 못했다. 초중고교 12년 동안 반장 한 번 못 해본 것만 봐도 내가 얼마나 주변머리가 없었는지 알 수 있다. 보통 공부 잘하는 아이는 좋든 싫든 반장을 떠맡게 된다. 하지만 나는 도통 남들 앞에 나서거나 완장을 차는 일에는 관심이 가질 않아서 학창 시절 내내 반장 맡기를 피해 다녀야 했다. 세상사를 기준으로 하자면 나는 발달이 매우 느린 아이였던 셈이다.

학교를 졸업하고 사회에 나와서도 사람들 앞에 나서려면 부끄러움과 무거운 중압감을 먼저 느끼곤 했다. 낯선 곳에서 강연을 할 때는 더욱 그랬다. 겉으로는 태연한 척했지만 속으로는 쩔쩔맸다. 사람들이 귀중한 시간을 빼서 모인 만큼 그에 걸맞은 내용을 전해야 한다는 데 생각이 미치면 절로 오금이 저렸다.

어릴 적부터 나는 남 앞에 나서는 일도 별로 없었고 어떤 감투를 선망해본 적도 없었다. 반드시 1등을 해야 한다는 강박관념도 솔직히 없었다. 다만 내가 어김없이 지켜온 태도는 어떤 일이든 완벽하게 처리해야 한다는 것이었다.

이러한 태도를 성장기 내내 유지하고자 애썼던 건 사실이다. 그건 세상사에 대한 나의 부족함을 스스로 알고 있었던 데서 비롯된 것이다.

나는 내게 주어진 임무에 침착하고 충실한 자세로 임하고자 했다. 손발이 더딘 터라 일이나 공부를 해야 하면 그걸 꾸준히 밀고 나가야만 했다. 이윽고 그건 습관이 되어 몸과 마음 구석구석에 배기에 이르렀다. 다행히 그렇게 키워낸 집중력과 인내심과 성실성이 지금껏 살아오는 동안 든든한 밑천이 되어주었다.

그 과정을 거치면서 비로소 나의 나침반은 자력을 갖게 되었다. 흐트러지지 않고 나의 길을 내딛기 위한 첫걸음이었다.

2부

양심의 길로 가라, 비겁자여

어리석은 나침반

 대학 3학년 시절이란 2학년하고도 다르고 4학년하고도 다르다. 누구나 경험하듯 1학년은 대학에 적응하다 정신없이 보내버리고 2학년은 조금은 진지해지려다 여전히 헛돌았던 듯하다.
 그 사건은 대학 3학년 끝 무렵에 있었다. 1975년 2월 말이었다. 나는 법학과 3학년이었고 친구들과 함께 2차 사법시험을 보기 위해 시험장에 갔다.
 사법시험은 2차 시험에서 당락이 좌우된다. 3차 면접시험이 남아 있긴 하지만 달리 문제가 없는 한 거의 모든 응시생이 합격한다고 보면 된다. 자연히 2차 시험장 안에는 유달리 팽팽한 긴장감이 맴돌았다. 2차 시험은 오전에 한 과목을 보고 점심을 먹고 난 뒤에 다시 한 과목을 보게 되어 있었다. 1970년대 사법시험은 하루에 두 과목씩 나흘에 걸쳐 모두 8과목을 치렀다.

그해 시험 일정에는 특기할 일도 있었다. 내가 다닌 서울대학은 항상 2월 26일에 졸업식을 하곤 했는데 그해에는 공교롭게도 사법시험 2차 기간과 겹쳤다. 주관 부서였던 총무처가 졸업식에 참석해야 하는 응시생들을 배려해서 시험 시간을 살짝 바꾸기로 했다. 응시생들이 졸업식에 다녀와서 시험을 마저 볼 수 있도록 오후 시험의 시작을 2시에서 4시로 늦춘 것이다. 지금이라면 있을 수 없는 일이지만 당시 상황을 살펴보자면 일면 이해가 가는 구석도 있다.

그때 사법시험 최종 합격자는 60명에 불과했다. 그중 서울 법대 재학생과 졸업생을 합하면 대략 40여 명이었고 같은 해에 졸업하는 4학년 학생들만 따져봐도 10명 안팎이었다. 2차 시험 응시생 중 결과적으로 합격할 가능성이 높은 대다수 학생들이 졸업식에 참석해야 했던 것이다.

시험 장소는 낙원동에 있던 건국대 2부 대학이었다. 오래돼서 잘 기억나진 않지만 1교시 시험은 한국사였던 듯하다. 1교시가 끝나면 점심시간이었다. 법대 동기들끼리 점심을 먹고 나서 누군가 제안을 했고 우리는 잠시 당구장에 들르기로 했다. 법대 3학년이었던 것이다. 이 말은 4학년이 아니라는 뜻이다. 4학년 2학기에 사법시험 2차를 합격하지 못하면 대학을 그냥 졸업하기도 해야 했지만 무엇보다 바로 군대에 가야 했다. 그러니까 4학년으로 사법시험을 보는 자세는 퍽 달랐다. 긴장감이 남다를 수밖에 없었다. 만약 우리가 3학년이 아니었다면 당구장 같은 곳에 들르는 일은 없었을 것이다.

점심을 먹고 당구장에 함께 간 학생은 열 명 남짓이었다. 모두가 곧 법조인이 될 친구들이었다. 우리는 편을 갈라서 당구를 치기 시작했다. 사실 나는 그때까지 당구를 쳐본 일이 별로 없었다. 문제는 짧은 실력이 아니라 타고난 승부사 기질이 발동한 데 있었다. 나뿐 아니라 모두가 사법시험이 아니라 당구 시합에 빠져들고 있었다.

"야, 기왕 붙은 김에 끝까지 승부를 내보자."

멈추기 힘든 게임의 속성 탓에 사법시험이라는 중대사가 뒷전으로 밀려나는 순간이었다. 열 명 모두가 그 말에 동의했다. 우리는 오후 시험 따위는 잊어버린 채 저녁을 먹을 때까지 당구를 쳤다. 아무도 2차 시험을 걱정하거나 염려하거나 초조해하는 빛을 드러내지 않았다. 호기 어린 걸 좋아하는 젊은이들이기에 가능한 일이었을 게다. 어쨌든 우리는 엉터리 법대생이었다. 적어도 그날만큼은.

고백하건대 예외가 있었다. 오직 한 사람, 양영준은 당구장을 빠져나가 시험을 치르고 우리 가운데 가장 먼저 사법시험에 합격했다. 당구도 제대로 칠 줄 모르던 나는 당구장에 남아 있다가 한 해를 더 기다려야 했다. 대학 졸업을 앞둔 4학년 때 나는 2차 시험에 합격했다.

대학 3학년 겨울에 나는 어리석었다. 젊은이 특유의 젖비린내 나는 치기와 경솔함 따위가 나의 그 겨울을 지배하고 있었다. 우리는 헤어지면서도 시험 걱정보다는 그날 벌인 당구 승부에 대해 옥신각신 말씨름을 벌였다.

대학 3학년 겨울을 나는 두고두고 거울로 삼았다. 경솔함은 길을 잃어버리게 하는 자력 없는 나침반과도 같다. 자력을 품지 못하면 아무리 좋은 쇠라도 방향을 가리키지 못한다. 그해 겨울 내가 그랬다. 하숙방에 돌아와서 이불을 뒤집어쓰고서 나는 헛되이 보낸 하루를 후회했다. 어리석음이 어떻게 길을 잡아먹는지 깨달았다.

먼 항해를 하려면 나침반이 필요하듯 인생길도 마찬가지다. 줄기러기나 쇠재두루미는 어떻게 히말라야를 넘어 남북으로 이동하는 것일까. 새 어디에 나침반이 들어 있는 것일까. 연어는 어떻게 해서 남대천으로 돌아오는 것일까. 내가 성장하는 동안 숱하게 본 뱀장어들은 적도 바다에서부터 어떻게 암태도로 돌아왔던 것일까.

모든 살아 있는 것에는 나침반이 있다. 그래야 삶의 길을 잃지 않을 수 있기 때문이다.

매우 안락했던 시절

사법연수원 시절은 안락했다. 1976년 9월에 입교한 연수원은 지금의 서울시립미술관 옆에 있었다. 원래 서울시립미술관 자리에는 대법원이 있었다. 연수원은 그 옆에 붙어 있었다. 학생은 고작 58명밖에 되지 않았다. 연수원 2학년도 있었지만 1년을 마치면 검찰청이나 법원으로 실습을 나가기 때문에 거의 만날 일이 없었다. 연수원 1년 선배가 노무현 대통령이다. 연수원 일과는 아침 10시에 시작해서 12시까지 강의가 있었고, 점심시간은 오후 2시까지였다. 그때부터 다시 2시간 동안 강의가 있었다. 아침 10시부터 오후 4시까지 근무인 셈이다. 연수원은 그 무렵에도 이미 5일제였다. 요컨대 연수원은 안락했다.

부잣집 아들이든 가난한 집 아들이든 연수원에 들어오기만 하면 그 생활의 안락함에서는 차이가 있을 리 없었다. 그 안락함이 선택받은 자들에게 주어지는 특권이었음은 물론이다. 막 사법고시에 합격한 청년들을 국가 세금으로 귀족처럼 대접하던 곳이 바로 당시의 사법연수원이었다. 한번 안락함을 맛본 자는 그 안락함을 지키고자 하는 본능을 지니게 된다. 유신 체제는 주권자인 국민들에게 한없이 거대한 공포를 일상적으로 행사했지만, 그 새파란 청년들에게는 한없이 너그럽고 여유 있고 안락한 삶을 보장했다. 체제 순응이란 그렇게 형성되는 것일 게다.

  지금도 잊히지 않는 연수원 강의가 있다. 법률이나 인권 강의가 아니라 당시 부장검사였던 서동권 검사의 특강이었다. 그날 서 검사는 한국에 성전환 수술을 하는 남성들이 있으며 그들에게 어떻게 징벌을 가해야 하는지에 대해 열변을 토했다. 아직 트랜스젠더라는 말이 흔히 쓰이지 않던 시절이었다. 나는 수술을 통해 성전환을 시도하는 사람들이 있다는 것도 놀라웠고 서 검사의 분노도 놀라웠다. 서 검사의 논리는 간명했다. 남성의 성전환 행위는 자연법칙을 어기는 것이고, 어떤 이들은 징집 등을 회피하기 위한 수단으로 이를 악용하고 있다고 했다. 나는 의문이 들지 않을 수 없었다. 어떤 젊은 남성

사법연수원생 임명식에서 임명장을 받고 있다.

이 불완전할 수밖에 없는 수술을 통해 자신의 성 정체성을 여성으로 바꾼다면 이는 돌이킬 수 없는 일이다. 그만큼 위험한 도전을 할 때는 그만한 이유가 있을 터였다. 서 검사의 강의는 그런 것들을 전혀 고려하지 않고 있었다. 그 특강은 강사의 뜻과는 반대로 내게 성 정체성의 중요성을 깨우치게 하는 데 결정적으로 작용했다. 요컨대 '국가와 성'에 대한 인식이다. 그 무렵 국가는 개인의 성 정체성 따위는 전혀 아랑곳하지 않았다. 국가는 남성 중심, 남근 중심 세계의 정점에 있었던 것이다.

연수원 실습 기간 동안에 여러 곳을 들러볼 기회가 있었다. 검사시보를 할 적에는 부검에 입회하여 변사자를 해부하는 과정을 지켜보기도 했고, 교도소를 방문해 복역 중인 재소자들을 만나기도 했다. 당시는 안양 교도소가 최신 교도소였다. 아직 서대문 형무소가 의왕으로 옮겨 가기 전의 일이었다. 방배동 기슭에 있었던 국립과학수사연구소에도 가게 되었다. 그곳에는 한 사람의 뇌가 포르말린 병에 담겨 있었다. 백백교 교주의 뇌라고 했다. 일제강점기에 식민지 경찰이 피지배민의 신체 일부를 적출해서 수집해놓은 명백한 범죄(criminal body) 컬렉션이었다. 서유럽의 여러 박물관들이 이런 인체 표본을 다양하게 가지고 있다는 걸 안 건 나중 일이었다. 다른 포르말린 병에는 기생 명월의 성기가 추출된 채로 담겨 있었다. 일제는 범죄자도 아닌 기생의 성기만을 따로 떼어서 수집해놓고 있었다. 광복이 된 뒤에도 몇십 년이 흐르도록 두 신체 표본은 국과수에 보존되어 있었다. 그 생식기가 폐기된 것은 2010년도였다.

나는 그 생식기 표본에서 일제가 한국 여성을 어떻게 이해했는지 짐작해볼 수 있었다. 백백교 교주의 뇌 표본에서는 자신들의 생각과 다른 한국인을 일본인이 어떻게 생각했는지 알 수 있었다. 각종 음행과 살인을 여러 번 저질렀다는 백백교 교주 행위를 옹호하고자 하는 뜻이 전혀 아니다. 범죄자에게 인권이 있듯 죽은 이후에는 더 말할 것도 없다. 신체 일부가 따로 분리된 채 매장되었을 두 사람의 넋은 온전히 저승에 가지 못했을 터이다.

일제가 저지른 그 두 행위를 관념화해서 말하자면 뇌는 사상의 문제요, 생식기는 그들의 식민지 강간 체제를 상징하고 있다고 나는 생각한다. 이런 사고가 있었기에 일본군 '위안부' 강제동원이라는 게 가능했을 터이다. 나는 거기에 '천인공노'니 '비인간'이니 하는 말을 붙일 수가 없다. 그 정도 형용으로 이런 악행을 설명하기에는 턱없이 부족하기 때문이다. 흔히 일제 식민지 역사나 친일파나 일제 문화가 청산되지 않았다고들 한다. 국립과학수사연구소에 광복 이후 몇십 년 동안 놓여 있었던 표본은 무얼 말하고 있는가.

 연수원 기간 중 가장 충격적이었던 장면을 꼽으라면 영등포 구치소에서 보았던 독방이다. 방은 한 평 남짓 했고, 방 끝에 변기가 있었다. 그게 전부였다. 몸을 돌려 누울 수도, 일어서서 체조를 할 수도 없었다. 그곳에서 사람이 몇 년씩 생존해낸다는 것을 나는 도저히 믿을 수가 없었다. 방 안에서는 악취가 끓고 있었고 벽과 벽 사이가 너무 좁아 팔을 뻗을 수도 없었다.
 국가란 대체 무엇인가. 국가가 법을 위반한 사람에게 징벌권을 행사하는 것이야 필요한 일이지만 이토록 비인간적인 박탈을 국가 이름으로 요구할 수 있는지 나는 심히 의심스러웠다. 때로 삶이란 죽음보다 더 끔찍할 때가 있다. 독방에서 하루도 살아보지 않았지만 영등포 구치소의 독방은 존재론적 의미에서 국가란 무엇인가를 질문케 했다. 그 질식할 것 같던 기억이 훗날 법무부장관이 되었을 때 교도소 운영 방향을 개선하고 더 인간화할 수 있는 근거가 되었다는 게 그나마 다행이라고 할 수 있겠다.
 어쨌든 연수원 시절은 안락했다. 끝없는 회의와 불편함 속에서도.

취한 나그네

1979년은 휘청거렸다. YH 사건을 시작으로 남민전 사건, 부마항쟁, 박정희 시해, 신군부 군사 쿠데타 등 우리 현대사를 뒤흔드는 거대한 사건들이 꼬리를 물고 이어졌다. 유신 말기 사회적 모순은 정점을 향해 치닫고 있었다. 그해 가을 나는 수원에 있는 전투 비행단의 공군 법무관으로 근무하고 있었다.

부대 안에서 우연히 어릴 적 친구와 마주쳤다. 중학교 시절 허물없이 지내던 친구였는데 10여 년 만에 재회했으니 여간 반가운 게 아니었다. 나는 군법무관으로, 그는 공군 장교로 같은 부대에서 근무하고 있었던 것이다. 며칠 뒤 우리는 술 한잔으로 회포를 풀기로 하고 수원 중심가인 팔달로로 향했다. 인파로 북적일 저녁 시간이었는데 이상하리만치 거리가 한산했다. 곧이어 도착한 삼겹살집도 썰렁했다. 알고 보니 그날 WBC 플라이급 챔피언에 오른 박찬희 선수의 세계타이틀 2차 방어전이 열렸던 것이다. 상대는 무려 14번이나 방어전에 성공했다가 박찬희에게 권좌를 빼앗긴 세계적인 권투선수 미구엘 칸토였다. 그는 '멕시코의 작은 별' '링의 대학교수'라는 별명으로 유명했다. 박찬희가 도전할 때 경력은 프로전적 10전이 전부였다. 경기는 부산 구덕체육관에서 열렸다. 당시는 김일 선수를 대표로 하는 프로레슬링에 이어 프로복싱의 인기가 대단하던 시절이었다. 권위주의 권력이 억압받는 대중의 분노를 배설케 하고자 하는 목적도 있었지만 국민들이 달리 즐길 게 없던 때이기도 했다. 박찬희 선수는 세계 챔피언이 되면서 권투 열풍의 중심에 서 있던 국민 영웅이었다. 중요한 권투 중계가 있는 날이면 으레 남녀노소 할 것 없이 TV 앞에 모여 앉아 경기를 지켜보곤 했다. 그리하여 그날 팔달로 삼겹살집에 앉아 있는 건 두 명의 군인뿐이었다. 여느 때와 달리 조용하고 한적한 가게 구석 자리에 마주 앉은 우리는 불판을 사이에 두고 술잔을 기울였다. 취기가 오르고 주변에 지켜보는 눈도 없다 보니 조금씩 말수가 늘고 속말을 절로 풀어놓게 되었다.

 군복무에 어느 정도 적응하기 시작하던 그 무렵, 나는 자주

군법무관 당시, 재판에서 발언을 하고 있다.

지난 시절을 돌이키고 앞날을 고민하곤 했다. 법대에 진학한 뒤로 나는 법조인이 되는 길을 달려왔다. 대학 내내 박정희 정권의 전횡을 목격하면서 뒤틀리고 부대끼기 시작한 속마음은 애써 묻어두고자 했다. 당시 법대생의 과제란 오직 사법시험 합격뿐이었다. 주변 사람들은 모든 게 사법시험에 합격하는 순간 일거에 해결된다고 말하는 것 같았지만 정작 아무것도 달라진 건 없었다. 나는 사법연수원을 우수한 성적으로 졸업하고 일찌감치 혼인도 했다. 나의 인생은 아무런 문제가 없어 보였다. 군복무를 무사히 마치고 나면 바라던 판검사에 임용될 것이었다. 나로서는 이제 막 멋진 미래로 들어설 참이었다.

하지만 사법시험에 합격한 이후 정작 나는 원인 모를 괴로움을 술로 달래는 날이 잦았다. 세상에 대해 생각해보고, 내 앞날에 대해서도 궁리하면서 숱한 상념으로 밤을 지새우기 일쑤였다. 시국은 무언가 곧 터질 듯 하루가 다르게 긴장감이 높아가고 있었다. 시대에 대한 좌절감과 무기력한 자신에 대한 답답함이 몰려와 가슴을 짓눌렀다. 군복무로 흘러가는 세월이 하염없이 초조하게 느껴지기도 했다. 어릴 적 사심 없이 함께 뛰놀던 고향 친구를 앞에 두어서였을까. 그동안 눌러온 감정들이 취기와 함께 꿈틀대더니 기어이 밖으로 흘러나왔다. 감정을 토해낼수록 헛헛해지는 마음을 채우려 술을 들이

부었다.

 그 밤 나는 만취했다. 친구와 어떻게 헤어졌는지도 기억이 나질 않는다. 나는 홀로 어둡고 쌀쌀한 가을밤 거리를 비틀거리면서 배회했다. 몸을 가누기 힘들 정도로 만취했던 것이다. 법을 어긴 것이라고 하기는 어렵지만 법무관을 하는 장교로서는 단정치 못한 일이었다. 어찌어찌 겨우 버스를 잡아타고 수원 북문에서 내렸다. 북문에서 서문 근처에 있는 집까지는 걸어서 10분 거리였다. 제법 익숙해진 길이라고 여겼는데 북문 사거리에서 그만 방향을 놓치고 말았던 듯하다. 나는 길을 찾아 아무리 헤매도 같은 자리를 맴돌고 있었다. 얼마나 지났을까. 누군가 다가와서 어디로 가느냐고 물었다.
 취한 사람에겐 좌표가 없다. 그날 알지 못하는 어떤 중씰한 사내가 내 손을 이끌어주었던 건 분명히 기억난다. 그가 나를 우리 집 방향으로 보내주었다. 마침내 집에 들어왔을 때 내 눈두덩이는 찢어져서 피가 줄줄 흘러내리고 있었다. 피투성이가 되어 들어온 나를 보고 아내는 기절할 듯이 놀랐다. 마치 평소에 주먹질이라도 하고 다니는 듯한 모양새였다.

 이튿날 아침 신문을 펼치니 사각 링 위에서 분투하는 박찬희 선수의 커다란 사진과 함께 2차 방어전 기사가 대서특필

되어 있었다. 미구엘 칸토는 타이틀 탈환에 실패했다. 박찬희 선수는 고전 끝에 간신히 무승부로 세계 정상 자리를 지켰다. 눈두덩이가 찢겨 피범벅이 된 박찬희 선수의 얼굴을 보자 어젯밤 내 모습이 떠올라 온몸이 화끈거리고 오랫동안 속이 쓰렸다.

그것이 내 인생의 마지막 만취였다. 어쨌든 취한다는 건 행복한 일이다. 나는 그 뒤로 술에 취하기보다 일과 사람과 역사와 사회와 정치에 취해왔다. 그렇게 취하는 것도 술에 취하는 것만큼이나 즐겁다는 것을 머잖아 깨닫게 되기에 이르렀다. 술에 취하면 좌표를 잃지만 세상에 취하면 좌표가 또렷해진다.

지금도 오른쪽 눈두덩이 위에 그때 생긴 작은 상처가 남아 있다. 이제는 희미해진 상처의 흔적을 쓸어보며 나는 가끔 생각한다. 그날 집으로 가는 방향으로 나를 안내해준 사람은 누구였을까. 옛날 어른들 같았으면 귀신이라고 했을지도 모른다. 틀림없는 건 귀신은 아니었다.

우리네 인생길에는 그렇게 얼굴도 이름도 기억할 수 없지만 수많은 길잡이가 있다. 그는 내가 비틀거렸을 적에 나를 방치하지 않고 제대로 된 길로 가도록 이끌어주었다. 누구나 술에 취할 수 있다. 슬픔에 취할 수도 있다. 그 얼굴 모르는 사람이 내게 일깨워준 것은 길을 잃은 사람에게 손을 내밀 줄 알아야 한다는 삶의 깨달음이었다. 지금도 어두운 1979년 가을밤에 내밀던 그의 손길이 기억난다.

사막을 건너는 법

막 군법무관으로 근무하기 시작했을 때다. 헌병대 준위 한 사람이 비행기 부속품을 훔쳐다 업자에게 몰래 팔려다가 적발되었다. 지금도 그렇지만 비행기 부속품은 매우 값나가는 물건이다. 준위는 부속품을 리어카에 담아 비행장 밖으로 나가서 한참을 끌고 가던 중 폐기물처리장 인근에서 붙잡혔다. 그때 나는 대학 동기였던 정해남 법무관과 함께 근무하고 있었다. 우리는 보고를 받자마자 비밀 통신 수단인 비화기를 통해 공군 법무감실에 곧바로 사건을 알렸다. 가능한 한 빨리 본부에 알려서 혹시라도 우리 선에서 은폐될 가능성을 없애려는 의도였다.

우려했던 대로 나의 직속상사 법무관은 준위에게 기소유예

처분을 내리라고 지시했다. 아마도 상부의 명령이 있지 않았을까 싶다. 나와 정해남 법무관은 비분강개하여 원칙대로 기소할 것을 요구하고 나섰다. 납득할 만한 처분이 내려질 때까지 버티기로 했다. 하지만 그곳은 군대였다. 아무리 부당하다 해도 상부 지시를 어길 방도는 없었다. 사건은 기소유예와 낮은 징계를 내리는 솜방망이 처벌로 끝이 났다. 나로서는 도리 없이 꺾이고 만 것이다. 그 후 제대할 때까지 거의 모든 비리 사건이 유사한 수준으로 처리되는 걸 감당해야 했다. 그건 고통스런 일이었다. 부끄러운 고백이지만 3년 동안 군 판사로서 판결을 내린 사건 중 단 한 건도 피고에게 항소를 받아본 적이 없다. 그만큼 판결이 관대했다는 뜻이다. 나로서는 어느 정도 형평을 유지해야 했던 까닭도 있었다.

나는 법무관으로 근무하는 동안 공군 내 3대 비리를 바로잡아야겠다고 생각했다. 첫 번째는 비행기 부속품 절도, 두 번째는 군용 기름 절도였다. JP(jet-propulsion fuel)라고 부르는 군용 항공유는 기름 중에서도 가장 비싼 축에 속했다. 수송대 사병 중에서 간혹 지프차를 몰고 나가 주유소에다 차에 있는 기름을 빼서 팔아먹는 일이 벌어지곤 했다. 세 번째는 가장 빈번하게 벌어지는 일이었는데, 사병들을 먹여야 하는 식품을 절도하는 것이었다. 이 세 가지 비리가 내가 생각한 3대 거악이었다.

당시 공군 내에서 밥하는 부대를 지원대라고 불렀다. 지원대 책임자로 오랫동안 일해온 문관이 한 사람 있었다. 민간인 공무원으로 평생을 그 자리에서 일했던 터라 부대 내에서 그를 모르는 사람은 없었다. 어느 날 아침, 그가 사병 부식과 고깃점을 담아 내가려다가 현장에서 붙잡혔다. 큼지막한 그릇을 들고 눈을 피해 부대 밖으로 빠져나가려는 수상쩍은 행동이 새벽부터 기지를 순시하던 기지전대장의 눈에 띈 것이다. 그는 즉각 헌병대로 인계되었다. 그런데 놀랍게도 그는 끌려온 사람 같지 않게 여유만만했다. 말을 들으니 그는 몇십 년 동안 부대에서 일해오면서 공군 지휘관들의 부식 비리에 대해 소상히 알고, 또 기록해놓았다고 한다. 그에 따라 문관을 건드리는 사람이 없었던 모양이다. 며칠 전 새로 부임해 온 기지전대장은 이를 몰랐던 것이다. 당시 수원 비행장은 신형 전투기가 있던 최전방 비행장이었다. 이곳에서 비행장 단장 경력은 참모총장으로 진급하는 경로라고들 했다. 만약 그동안 근무한 비행장 단장의 비리를 적어놓았다면 역대 공군 참모총장들의 비리 기록철을 갖고 있는 셈이었다. 결과는 뻔했다. 문관의 부식 절취 사건은 또다시 유야무야 마무리되었다.

　권력은 부패한다. 절대 권력은 절대로 부패한다고 말한 이는 역사학자 액턴이다. 군사 쿠데타로 정권을 잡은 전두환 정권의 군대는 권력 중에서도 절대 권력이었다. 나는 감시받지 않고, 통제받지 않는 권력이 어떻게 부패하는지 낱낱이 지켜보았고, 견딜 수 없이 부끄러웠고, 뼈아프게 개혁을 통감했다. 부대 내부에서 일어난 비리가 조직적으로 은폐되고 있었다. 군사독재를 떠받치고 있는 군부의 거대한 부패 앞에서 나는 여러 번 꺾였다. 그 경험은 결코 군부 정권은 태어나서도, 인정해서도 안 된다는 각성을 거듭하게 했다.

그 뒤 군법무관으로서 내 활동은 무력한 부패 척결보다는 인권 쪽으로 방향을 선회하게 되었다. 복무 중에 일부러 자기 손가락을 자른다거나 신체를 훼손하는 병사가 있으면 복무기피죄로 엄격히 처벌받는다. 자살을 시도했다가 실패하고 살아난 경우라도 역시 같은 법조문을 들어 처벌해온 게 군사법원의 판례였다. 내가 근무하던 시기에 자살을 시도했다가 다행히 목숨을 건진 사병이 있었다. 나는 이전에 해오던 대로 그에게 복무기피죄 처벌을 내릴 수 없었다. 인간이 자기 생명을 끊거나 끊으려 한다는 건 생명과 인격 전부를 건 총체적이고 실존적인 결단인데 그런 자질구레한 형법으로 처벌해서는 안 된다는 생각이었다. 나는 그 사병에게 무혐의로 불기소 처분을 내렸다. 오래된 관행을 깨고 새로운 선례를 만든 것이다.

군복무 이듬해에 5·18 광주민주화운동이 일어났다. 광주에는 몇몇 친구들과 처형과 아내의 친척들이 살고 있었다. 광주 시민만큼은 아니었지만 바깥에 알려진 것과는 전혀 다른 진실에 대해 나는 들을 수 있었다. 말할 수 없는 충격과 분노로 몸이 떨려왔다. 여러 날 동안 잠을 이룰 수 없었고 일을 하기도 어려웠다. 만약 다시 그런 일이 생긴다면 내가 어디에 있든지 현장으로 즉각 달려가 직접 총을 들고 시민군이 되어 싸우겠다고 굳게 다짐한 뒤에야 겨우 가슴이 진정되곤 한 게 한두 번이 아니었다. 나중에 독일 기자 위르겐 힌츠페터가 찍은 광주항쟁 비디오를 어렵게 손에 넣은 뒤 집에서 몰래 틀어볼 때는 내 피가 방바닥으로 쏟아지는 기분이었다.

  그해 5월, 육군 계엄사령부에서 일손이 부족하니 공군 법무관 한 명을 파견해달라는 지원 요청이 내려왔다. 상사인 법무감이 덜컥 나를 지목했다. 법무감은 공군을 대표하는 법무관으로 가장 신뢰할 만한 사람이 나라고 판단했다고 한다. 그는 틀림없이 내게 좋은 기회를 주는 것이라 여겼을 것이다. 계엄사령부에서 근무한다는 건 당시로서는 명백한 출셋길이었다. 나는 정색을 하고 절대 갈 수 없다고 버텼다. 항명이었지만 계엄사령부에 가게 되면 탈영하겠다는 험한 말까지 서슴지 않았다. 무고한 시민을 학살하고 권좌에 오른 군사독재정권 세력의 일원이 되거나 그들을 조력하는 일은 내 생애 전부를 걸고 있을 수 없는 일이었다.

부패한 군사 권력의 실상을 적나라하게 목격한 경험들이 내게 분노로만 남은 건 아니었다. 그 과정을 통해 나는 '불의와는 타협하지 않는다' '스스로에게 떳떳치 않은 일은 하지 않는다'는 원칙을 세우게 되었다. 이는 살아오면서 마주한 여러 순간에 중요한 이정표가 되었다. 사사로운 이익이 아무리 크다 할지라도 나의 원칙에 어긋나고 양심에 거리낀다면 촌음도 생각해볼 필요 없게 된 건 전두환 정권이 군대에서 깨우치게 한 것들이었다.

번민과 고통 속에서 형성된 가치관은 도리어 앞으로 나아갈 방향을 명확하게 비춰주었고, 시간이 지나면서 더욱 담대한 행동을 이끌어내는 근육이 되었다. 전두환 정권의 임명장을 거부하고자 판검사를 포기하고 마침내 인권변호사의 길을 선택하는 등 굵직한 결단들을 하게 된 건 이런 과정을 거치면서 만들어진 것이다.

전두환 독재 시대는 사막과도 같았다. 사막을 건널 때는 낙타와 물이 필요하다. 말을 바꾸자면 그 물은 인권, 민주주의 같은 것에 해당한다. 군대 생활 내내 나는 목이 말랐고 어떻게 하면 낙타를 구할 수 있을까 궁리를 해보기도 했다. 민주주의 사막 시대에 낙타란 대체 무엇일까. 절망에 빠져들 때는 낙타가 정말 있기는 한 걸까 하는 의심이 들 때도 있었다. 양식 있는 사람들 누구나 그러했듯 나는 밤 사막을 걷듯 그 시대를 헤쳐가야 했다. 그 길 끝에 샘과 등불이 있을 것이라고 믿지 못했다면 길은 더욱 가혹했을 것이다.

  그 무렵 깨달은 것은 쓰라린 자기 고민이 없다면 인생 방향을 지시하는 나침반 또한 없거나 쉬 흔들리고 말게 된다는 점이었다. 요컨대 물도 낙타도 다 내 안에서 구하거나 내 피와 땀으로 구해야만 갈증을 견디며 사막을 온전히 건널 수 있다는 뜻이다.

나는 들었다

 수원 화서동 주공 1단지 아파트 3층 복도를 지나 시멘트 층계를 나는 천천히 내려왔다. 아내가 태어난 지 5개월 된 둘째 아이를 안고 내 등을 바라보고 있다는 것을 알 수 있었다. 나는 뒤돌아보지 않고 마저 층계를 내려갔다. 여름이 끝난 구월이었지만 그때가 더웠는지, 선선했는지, 바람이 불었는지, 비가 내렸는지, 안개가 끼었는지 나는 기억할 수 없다. 층계를 내려오던 발자국 소리만 지금도 생생하게 기억난다.
 집을 나와 아파트 앞에서 나는 시외버스에 올랐다. 그 무렵 수원 화서동 일대는 허허벌판이었다. 버스가 지지대 고개를 넘고 안양을 거쳐 서울에 들어서는 동안 사람들이 오르고 내리고 하는 일이 반복되었다. 나는 그런 것도 눈에 들어오지 않았다. 늘 그랬듯 그날도 그랬으리라고 짐작만 할 뿐이다. 용산역을 지나 삼각지에서 버스에서 내린 나는 군복 매무새를 한번 다듬고 육군본부를 향해 걸었다. 참으로 이상한 일이지만 나는 지금도 그때 '육본'이 길 왼쪽에 있었는지 오른쪽에 있었는지 알지 못한다. 그 뒤에 굳이 그걸 확인해보고자 애쓰지도 않았다. 나는 위병소를 통과했고 곧 육본 법무관들이 모여 있는 회의실로 들어갔다. 정확하게 말하자면 그렇게 길을 갔을 게다. 나는 기억나지 않는다. 육군 법무관으로 있는 대학과 사법고시 동기가 그리로 이끌었을 터이다.

공군 중위 법무관인 나는 그날 육본에 있었다. 그건 육군본부가 아니라 육본이다. 두 말은 같은 말이지만 당시 군사 통치 권력을 수행하던 군부 최고 권력 기관인 계엄사령부는 숱하게 반복적으로 '육본'을 국민들에게 각인시키고 있었다. 공군 법무관인 내가 거기에 가는 일이 이상할 것까지야 없었지만 그렇다고 반드시 그 자리에 있어야 할 이유도 없었다. 회의실에서 나는 잠시 사람들과 담소를 나눴을 것이다. 그 또한 희미하다. 이상하게도 그날 일에 대해서는 단 한 가지를 빼놓고는 거의 기억나는 게 없다.

1980년 9월 13일이었다. 솔직히 그 일이 오전에 있었는지, 오후에 있었는지도 아득하다. 그날은 나에게 여지껏 백지로 남아 있다.

회의실 안에는 몇몇 장성들이 자리해 있었고 나와 같이 법무관으로 의무 복무하고 있는 동료들 여럿이 있었다. 그들과 무슨 이야기를 주고받았을까. 잠시 이런저런 이야기를 나누고 있을 무렵 방송이 흘러나왔다.

대한민국 계엄사령부 육군본부 보통군법회의 검사의 논고가 길게 이어졌다. 그날 육본 회의실에서는 김대중내란음모사건 법정 상황을 유선으로 실시간 중계하고 있었던 것이다. 단호하고 길었던 검사의 논고도 기억나는 게 없다. 뻔한 내용이어서 그런 것만은 아니다. 그날은 내 기억 속에서 잘려나가 있기 때문이다. 검사는 머뭇거림 없이 사형을 구형했다. 곧이어 피고인인 김대중의 최후진술이 있었다. 차분한 진술이 거의 2시간 가까이 이어졌다.

내가 처형당한다는 것은 처음부터 각오하고 있는 일입니다. 나는 여기 이 기회를 빌려 공동 피고인 여러분께 유언을 남기고 싶습니다. 내 판단으로 머지않아 1980년대에는 민주주의가 회복될 것입니다. 나는 그걸 확실히 믿고 있습니다. 그때가 되거든 먼저 죽어간 나를 위해서든, 또 다른 누구를 위해서든 정치적인 보복이 이 땅에서 다시는 행해지지 않도록 부탁하고 싶습니다. 이것이야말로 내 마지막 남은 소망이기도 하고 또 하느님의 이름으로 하는 내 마지막 유언입니다.

그날 나는 수많은 법무관들 사이에서 외톨이였다. 아니 이방인이었다. 나는 이 재판이 잘못되었다거나 김대중을 변명하거나 옹호하는 말을 단 한마디도 하질 못했다. 내 마음속에서는 조금도 그를 유죄라고 생각하지 않았지만 결코 어떤 운도 뗄 수 없었다. 나 말고도 나와 비슷한 생각을 하고 있는 사람들이 그 자리에는 필시 여럿 있었을 것이다. 하지만 누구도 재판이나 법 논리를 비판하거나 혀를 차는 일조차 없었다. 내가 그날을 생생하게 기억하지 못하는 이유다.

39년 만에 하는 변명이자 39년 만에 하는 고백이지만 나는 그날을 기억해내지 않으려고 39년이나 버텨왔다. 그날 나는 비겁자였고 유죄였다. 법조인으로나 인간적으로나.

재판 중계가 끝나고 회의실 밖으로 나왔을 때 재판정에서 나온 한 무리의 사람들과 마주쳤다. 이희호, 박용길 등이었다. 방금 재판에서 사형, 무기, 징역 20년 따위 구형을 받은 이들을 남편으로 둔 여인들이었다. 그들은 재판에 대해서 항의하고 분노하고 재판장을 나무라는 언행을 거침없이 했다. 나는 그들 앞에서 아무것도 보고 듣지 못한 양 먼 곳을 바라보고 서 있었을 따름이다. 나는 법률가이기는커녕 한낱 벌레에 지나지 않았다. 영혼에 구더기가 득실거리고 있다는 견딜 수 없는 자괴감만 들었다.

사형 구형을 받은 김대중의 최후진술에는 자기 목숨을 빌거나 애걸하거나 용서를 구하거나 하는 말은 한마디도 없었다. 그가 외친 것은 오직 나의 희생으로 한국 민주주의가 더욱 발전하길 바란다는 것뿐이었다. 나아가 10년 후 한국 민주주의의 앞날이 밝다고도 했다. 머잖아 실제로 목숨이 끊어질 절체절명의 상황임에도 그는 조국의 미래를 낙관적으로 보고 있었다. 나는 이해할 수 없었다. 그건 내가 알고 있는 사람의 모습도, 언행도 아니었기 때문이다.

나는 나중에 김대중의 최후진술을 몇 번이고 다시 찾아 읽어보면서 그날 나의 자괴감을 되씹곤 했다.

김대중 최후진술(제1심) 19차 공판
1980년 9월 13일 오전 10시 육군본부 계엄사령부 보통군법회의

이 순간 제 머리에 떠오르는 것은 11월 5일 박정희 대통령의 국장(國葬) 광경입니다. 저는 이를 청와대 출발부터 하관까지 지켜보면서 여러 가지 감회가 깊었습니다. 한 사람의 죽음, 동정 등과 함께 머리에 떠오른 것은 김수환 추기경이 '우리 모두에게 박정희 대통령의 죽음의 의미를 깨닫게 하소서'라고 한 말입니다. 박정희 대통령의 서거로 한 유신 세대가 가고 역사적 시기가 시작되었다는 것을 부인하지 못할 것입니다. 이로써 민주주의가 봇물

터지듯 거대한 희망으로 솟아올랐습니다.

그러나 5월 17일을 기해 우리 민주주의는 누구도 생각 못했던 가혹한 시련 앞에 서게 되었습니다. 80년대는 긴 눈으로 보면 자유민주주의가 꽃이 되어 자유와 정의가 실현되고, 안보의 힘으로 통일된 민주 사회가 틀림없이 올 것 같습니다.

부마사태는 우리 국민들이 자유를 위해 궐기한 획기적 사태였으며 10·26 사태가 없었다면 아마 전국적으로 확산되었으리라 생각합니다. 유신 체제의 지도자 박정희가 돌아갔지만 패자도 승자도 없는 유신 체제는 그대로 있습니다. 우리나라 민주 세력은 지난 7년 동안 감옥을 내 집 드나들듯이 드나들면서 싸운 사람들이라고 생각합니다.

(……)

최근 전두환이 대통령에 취임했다는 것을 알았습니다. 전 대통령이 지지한 유신이 있었던 반면 민주화를 갈망하고 있는 다수 재야 세력이 있는 것도 사실입니다. 박 대통령과 같은 막강한 힘도 성공 못했으며, 이미 우리 국민은 억압만으로 끌고 갈 수 없고 지적으로 민주주의를 끌고 갈 만큼 성숙했습니다.

두 번 다시 이런 불행이 없게 하기 위해선, 정상적으로 대통령이 바뀌진 적이 없는 역사가 되풀이되지 않으려면, 이 두 세력이 서로 대화하고 토론하고 협상하여 서로 관용을 베풀어야 한다고 생각합니다. 강박관념이나 타도 당한다는 느낌이 없는 풍토가 조성될 수 있도록 상대방에게 기회를 주어야 한다고 생각합니다.

(……)

저는 관용은 바라지 않으나 이분들(상피고인)에게 최대의 관용을 바랍니다. 제가 책임을 지니 저들에게 억울함이 없도록 해주시기 바랍니다. 80년대는 우리 국민에게 자유와 정의가 실현되는 민주주의가 세워져 우리 국민의 능력으로 통일이 되어 민주주의가 꽃필 것이라고 확신합니다. 내가 죽더라도 국민의 손으로 민주주의가 실현될 것입니다. 그것이 하루빨리 오기를 바랍니다.

혼란과 격돌 없이 토론과 관용과 이해로 민주주의가 올 것입니다. 전두환이 대통령이 된 데 대해 기뻐하거나 그렇지 않은 사람이 있을 것입니다. 재야 민주 세력도 억울함이 없도록 국민총화로 민주주의를 이룩할 책임이 있다고 생각합니다.

기독교 신자의 한 사람으로서 모든 일이 하느님의 뜻이고 하느님의 원에 의해 제가 이 자리에 선 것입니다. 나는 모든 것을 하느님의 뜻에 맡기겠습니다. 사형을 구형받았을 때 마음이 평안했습니다. 잠도 잘 잤습니다. 하느님의 뜻에 순종합니다. 나는 내 개인을 구원하고 옆에 있는 하느님의 자식도 구원을 받아야 한다고 생각합니다.

하느님의 정의를 위해 헌신하는 자유는 민주주의뿐입니다. 공산주의를 막고 원하는 통일을 이룩할 수 있다고 생각합니다. 나는 누구에게도 원한이 없습니다. 10·26 사태 후 나에게 해를 끼친 모든 사람을 용서하고 이 사건으로 이렇게 만든 모든 이들을 용서하고 기도하고 있습니다.

내가 처형당한다는 것은 처음부터 각오하고 있는 일입니다. 나는 여기 이 기회를 빌려 공동 피고인 여러분께 유언을 남기고 싶습니다. 내 판단으로 머지않아 1980년대에는 민주주의가 회복될 것입니다. 나는 그걸 확실히 믿고 있습니다. 그때가 되거든 먼저 죽어간 나를 위해서든, 또 다른 누구를 위해서든 정치적인 보복이 이 땅에서 다시는 행해지지 않도록 부탁하고 싶습니다. 이것이야말로 내 마지막 남은 소망이기도 하고 또 하느님의 이름으로 하는 내 마지막 유언입니다.

이제 와서 하는 고백이지만, 그날 나를 무엇보다 힘들게 했던 것은 김대중에 대한 연민을 어쩌면 혼자 품고 있을지 모른다는 생각이었다. 나를 가장 두렵게 했던 것은 내가 이방인일지 모른다는 불안이었다. 사람들을 피해 육본 건물 밖으로 나온 나는 울고 있었다.

그날 이후 나는 끝없는 분노와 좌절, 회한과 뼈저린 부끄러움을 못내 감당키 어려웠다. 며칠 전부터 이미 나는 육본 계엄사령부 보통군법회의에서 어떤 일이 벌어질지 알고 있었다. 그리고 거기 있어야겠다고 마음먹었다. 적어도 어떤 형태로든 역사의 증인이 되고자 했다. 하지만 나는 한낱 목격자를 자임했을 뿐 어떤 저항도 하지 못한 버러지 같은 존재였다. 막상 구형이 떨어졌을 때 나는 단지 목격자에만 머물 수는 없었다. 양심이 있는 자라면 누구나 그러했을 것이다. 그날 저항하지 못한 패배자로서 나는 누구에게도 그 상황을 말한 적이 없다. 이제야 겨우 목격자로서 증언을 하고 있다.

김대중의 최후진술이 법률가 이전에 시민으로서 내가 어떻게 살아가야 하는지 명확한 지침이 되었음은 두말할 필요가 없다. 이 말마저 부끄러울 따름이다. 내가 전두환 정권이 주는 임명장을 받을 수 없다고 생각한 건 다른 무엇보다 그날에서 비롯되었다. 그러므로 나는 검사나 판사가 될 수 없었다.

그날 나는 들었다.
김대중의 최후진술을. 육군본부 회의실에서.
그날 나는 들었다.
나의 목소리를.
양심의 길로 가라, 비겁자여.

3부

나의 길, 나의 노선

내 청년 시절의 인간 좌표 둘

 판사, 검사가 되기를 포기하고 들어간 첫 직장은 '김&장 법률사무소'였다. 김&장 법률사무소는 국제적인 법률 서비스를 하는, 당시 한국에서 가장 크고 힘 있는 법률사무소, 곧 로펌이었다. 몇십 명이나 되는 국내 변호사와 외국 변호사, 공인회계사가 함께 일했다. 변호사들은 일반 소송 사건은 물론이고, 국가를 넘는 사건의 법률 상담이나 기업의 계약 대행 등 폭넓은 업무를 맡아 하고 있었다. 씨티뱅크나 미국에서 가장 큰 건설회사인 벡텔(Bechtel Corporation) 같은 한국에 진출해 있는 외국계 기업 다수가 김&장의 고객이었다. 그때는 김&장 말고 그런 국제 기업들을 상대할 만한 전문 로펌이 없다시피 했다.

1981년 9월 나는 김&장 법률사무소에 들어갔다. 거기서 처음 접한 비즈니스 변호사의 세계는 무척 흥미로웠지만 이를 데 없이 업무가 치열하기도 했다. 일하는 분야는 생소했고 모든 일을 영어로 처리해야 하는 것도 어려움 중 하나였다. 아침마다 텔렉스로 사건 의뢰 내역이 발송되어 왔는데, 이니셜 'JBC'가 찍혀 있으면 내가 책임변호사라는 뜻이었다. 나에게 배당된 사건은 처음부터 끝까지 모든 걸 책임지고 처리해야 했다. 이곳의 변호사 실무는 책으로 공부한 것과는 완전히 달랐다. 관공서 등 관련된 곳에 찾아가 모르는 것은 묻고 부딪쳐서 문제를 하나씩 풀어나가야 했다. 어쩌다 사건 해결이 미흡하면 거대 외국계 회사인 고객에게 한국 로펌의 대표로서 국제적인 망신이 따로 없을 터였다. 실로 무거운 책임감 속에 밤낮없이 일에만 몰두하는 하루가 365일 계속됐다. 주말도, 휴가도, 명절도 없었다. 그때를 돌이키자면 실로 죽도록 일한 기억만 선명하게 남아 있다.

김&장 변호사에게는 성과를 놓고 따지는 사람도, 출근 관리를 하는 사람도 따로 없었다. 완전한 자율이 주어졌지만 여유를 부리는 이는 아무도 없었다. 최고 엘리트들이 한데 모여 있으니 보이지 않는 경쟁 또한 숨 막히는 것이었다. 김&장 변호사들이 그토록 열심히 일에 매진한 배경에는 성과만큼 사회적, 경제적 보상이 뒤따랐던 걸 뺄 수 없다. 그들은 매년 종합소득세 납부 상위 순위를 휩쓸 만큼 수입도 좋았고 자부심과 긍지 또한 대단했다.

바쁜 일과가 조금 고달프기는 했지만 나는 새로운 분야를 개척해나가는 것이 즐거웠다. 일을 풀어내느라 종일 이리저리 뛰어다니고 밤에는 다시 관련 자료나 책을 붙들고 씨름해야 했지만 도무지 지칠 줄 몰랐다. 얼마 지나지 않아 나는 외환, 무역, 조세 등 여러 분야를 두루 거치며 국제비즈니스 변호사로서 제법 탄탄한 입지를 다질 수 있었다.

근무한 지 만 4년이 되었을 때 두 해 동안 미국 연수를 갈 수 있는 기회도 주어졌다. 미국 로스쿨에서 학위를 취득하고 그곳 유명 로펌에서 근무해볼 수 있는 더할 나위 없이 좋은 특혜였다. 그럼에도 나는 미국 유학을 가지 않기로 했다. 회사 도움으로 유학을 다녀온다면 도의적으로 당연히 김&장에 복귀해야 한다는 걸 알고 있었다. 나는 빚진 신세로 누구에게 의지하고 싶지는 않았다. 솔직히 긴 고민 없이 김&장에서 4년을 일하고 그곳을 떠났다. '김&장'에서 '김'인 김영무 대표변호사가 만류했지만 나는 사무실을 정리했다. 운현궁과 일본 문화원 사이에 있는 김&장 건물 밖으로 나오니 까닭 없이 큰 자유를 얻은 것 같았다.

나는 횡단보도를 건너서 사무실 맞은편 건물로 향했다. 그

곳은 천도교 중앙대교당이었다. 네 해를 근무하는 동안 언젠가는 둘러보겠다고 염두에 두었지만 차일피일 미루다 미처 가보지 못한 곳이었다. 천도교 중앙대교당 마당에서 1919년 2월 27일 밤 보성사에서 인쇄해 온 기미독립선언문을 이틀 동안 보관했다는 것을 언젠가 들은 적이 있었다. 당시 일대는 공사 중이었다. 아직 천도교 중앙대교당을 짓기 전의 일이다. 2월 28일과 3월 1일에는 이 건물 앞에서 3·1운동에 참가한 천도교계, 불교계 청년과 학생들에게 독립선언서를 배부했다고 한다.

오등은 자에 아 조선의 독립국임과 조선인의 자주민임을 선언하노라.

학생 시절 얼마나 자주 되뇌던 문장인가. 그때는 그 참뜻을 제대로 새겨보지 못했다. 일제 헌병이 총칼로 무단통치를 하던 시절 민족의 자주독립을 외치는 일이 어떤 용기를 필요로 하는지 나는 짐작하기도 어려웠다. 마당을 몇 바퀴나 돌았는지 모른다. 손병희 선생을 비롯한 33인은 이곳에서 멀지 않은 명월관 인사동 지점(태화관)에서 독립선언식을 거행하고 모두 끌려갔다. 어린이날도 이곳에서 처음 시작되었고 교과서에서 숱하게 보던 민족문화잡지 『개벽』도 여기서 발행했다.

나는 길을 따라 좀 더 남쪽으로 내려갔다. 5분 거리에 지금의 탑골공원이라 부르는 파고다 공원이 있었다. 3월 1일 그날, 학생 대표들은 이 공원에 모여 독립선언식을 하고 '대한 독립 만세', 또는 '조선 독립 만세'를 부르면서 종로 거리로 쏟아져 나갔다. 나는 그 학생들 중 어떤 이름도 알고 있지 못하다는 걸 문득 깨달았다. 그러자 예상치 않았던 부채감이 밀려왔다.

'오늘 그 독립운동을 잇고 있는 일은 무엇인가!'

나는 탑골공원에서 무릎을 쳤다. 아니, 진작부터 알고 있었는지도 모른다. 독립운동을 현실에서 계승하고 있는 것은 민주화운동이었다. 내가 탑골공원에 서 있던 그 순간은 1985년도였고 전두환 독재가 정점에 달해 있을 때였다. 더는 주저할 게 없었다. 나는 며칠 뒤 대학 선배이자 김&장 선배이기도 한 조영래 변호사와 함께 낸 '남대문 합동법률사무소'로 출근하고 있었다.

사무실에는 조영래, 윤종현 변호사 말고도 박석운 노동운동가가 있었다. 남대문 합동법률사무소는 민주화운동 인사들에 대한 법률구조 활동뿐만 아니라 민주화운동 현장을 직접 뛰어다니고, 때로 일을 기획하는 사무실이기도 했다. 그 책임은 법대 1년 후배인 박석운이 맡고 있었다. 남대문 합동법률사무소는 변호사 사무실이자 민주화운동의 기획처였다. 1987년 겨울까지 나는 조영래 변호사와 함께 여러 활동을 했다. 당시 빈민운동을 중심으로 사회운동을 하던 손학규 선배를 만난 것도 그 무렵이었다. 조영래, 김근태, 손학규는 65학번 동기들이었다.

노무현 변호사와 처음 인사를 나눈 것도 남대문 합동법률사무소였다. 그렇다고 둘이 자별하게 만나고 지냈다는 뜻은 아니다. 노무현 변호사와 가깝게 지내게 된 것은 민주사회를 위한 변호사 모임(민변)에서였다. 우리는 서로 생각하는 방향이 조금씩 달랐기 때문에 때로 격론을 벌이기도 했다. 지금도 기억하는 것은, 노무현 변호사는 여느 사람들과 같은 방식으로 생각하고 말하는 사람이 아니었다는 것이다. 조금 엉뚱하다 싶을 정도로 그의 판단 방향은 남달랐다. 그때 이미 그는 앞으로는 김대중밖에 없다고 단호하게 잘라 말했다. 지금 와서 보면 예언처럼 들릴지 모르지만 당시 김대중은 현실에선 그다지 집권 가능성이 높은 정치인이 아니었다. 나는 인간 김대중을 한없이 존경했지만 곧이곧대로 노무현 변호사의 견해를 받아들이기도 쉽지 않았다. 젊은 노무현은 언행에서 언제나 확신에 차 있었고 거침이 없었다. 추상적이기보다 구체적이었고 막연히 이상적이기보다는 현실감각이 남달랐다. 그러한 과정을 통해 노무현과 나의 관계는 발전하고 있었다.

조영래와 노무현, 두 인간 좌표 모두 지금은 이 세상에 없다. 나는 두 사람이 물려준 좌표를 짊어지고 오늘도 걷고 있다.

1993년 교대역 사거리에 '해마루 합동법률사무소'를 냈다. 얼마 지나지 않아 사무실 운영에 도움을 얻기 위해 공증사무실을 내기로 했다. 해마루 합동법률사무소는 천정배, 이덕우, 임종인 세 사람이 처음 문을 열었고 머지않아 전해철, 장완익 변호사 등이 합류했다. 당시 경기도 안산은 새로운 공장과 사무실이 계속해서 들어서고 있는 신흥 공업 단지였다. 우리는 회의 끝에 그 안산에 '법무법인 해마루 종합법률사무소'와 공증사무실을 내기로 했다. 법무법인을 설립하기 위해서는 변호사가 다섯 명 이상이어야 하고, 그중 10년차 이상 변호사가 두 명 이상 있어야 했다. 나는 경력 10년이 넘었지만 다른 변호사들은 턱없이 부족했다. 나는 노무현 변호사에게 연락해서 함께 일하자고 요청했다. 노 변호사는 기꺼이 그렇게 하자고 흔쾌히 응해주었다. 노무현은 의사 결정이 빠르고 명쾌한 사람이었다.

노무현 변호사가 해마루 사무실로 짐을 싸서 오기 전, 나는 창가에 있던 내 방을 비웠다. 방을 깨끗이 정돈하고 집기를 들여놓고 내 눈에 좋은 그림들을 벽에 걸어주었다. 노무현 변호사와 나의 사무실 동거는 그렇게 시작되었다. 우리는 2년여를 함께 일했다. 가끔은 함께 밥을 먹었고, 함께 사람을 만났고, 함께 술을 마셨고, 함께 토론을 했다. 그 시절 나는 젊었고 노무현 변호사 또한 생기가 넘쳐났다. 둘 다 변호사이긴 했지만 형편이 넉넉한 건 아니었다. 그 시절이 그립다. 단지 지난 과거여서만은 아니다. 해마루에서 한길을 갔던 것처럼 정치를 시작한 이후에도 나는 노무현과 노무현이 가는 길에 동행했다. 이런 구구한 인연이 없었다고 한다면 새천년민주당 대통령 후보로 나선 노무현을 현역 국회의원 중 유일하게 가장 먼저 지지하는 일은 없었을지도 모른다.

젊은 시절 내게는 두 명의 인간 좌표가 있었다. 조영래와 노무현. 나는 그들이 제시한 좌표를 따라 걸었고 그들과 동행했다. 조영래와 노무현은 사회적으로는 선배였고, 인생살이에서는 스승이었으며, 일을 할 때는 동료였다. 나의 사회적 뼈대는 그 두 사람에게서 물려받은 게 틀림없다. 두 사람은 다 한없이 인간을 사랑했다. 나는 그들을 믿었다. 두 사람은 다 가장 낮은 곳에서 세상을 보고자 했다.

조영래는 대학을 나온 전태일이었다. 『어느 청년 노동자의 삶과 죽음(전태일 평전)』은 조영래가 숨어서 쓴 책이다. 조영래는 훌륭한 지식을 사회 양심의 명령에 따라서 사용했고 그 정의로운 원칙은 언제나 사회운동에서 선도적 방향을 제시했다.

노무현은 지식만 가지고는 이 세상을 헤쳐 나가기 어렵다는 듯이 대범했고, 결단력이 있었고, 용기가 넘쳐났다. 그는 어떤 상황에서도 불의에 맞서 서슴없이 뜨거운 분노를 표출해낼 수 있는, 한국 사회를 통틀어서 몇 안 되는 사람이었다. 세상이 고통과 어려움에 처해 있을 때 그는 사람들에게 그리로 가라고 말하는 게 아니라 먼저 그 질곡 속으로 자신을 내던졌다. 한 치의 두려움도 없이. 나는 그에게서 용기의 참모습을 보았다. 용기 없는 정의는 때로 너무 무력하다. 정의가 그 뜻을 달성하기 위해서는 용기가 필요하다는 것을 그는 삶 전체를 통해서 관철했고, 입증했고, 역사의 중심에 섰다.

두 인간 좌표 모두 지금은 이 세상에 없다. 나는 두 사람이 물려준 좌표를 짊어지고 오늘도 걷고 있다.

노래에 자유의 날개를 달다
―인권변호사 시절 이야기

　인권변호사 시절 나는 여러 시국 사건 변론을 맡길 자임했다. 1987년 구로구청 부정투표함 사건을 시작으로 1989년 임수경 학생과 문익환 목사의 방북, 리영희 교수의 방북 취재 기획 사건 등을 변론하면서 나는 어느새 격동하는 세상의 중심에 와 있었다. 1994년 '한국 사회의 이해 사건'으로 알려진 진주 경상대학교 교양교재 국가보안법 위반 사건에서는 마침내 무죄판결을 이끌어내기에 이르렀다.
　노태우 정권은 위기에 처하자 '범죄와의 전쟁'으로 국민의 일상을 옥죄는 한편 사회 활동을 하는 시민사회의 움직임을 봉쇄하고자 공안정국을 조성해서 가까스로 권력을 연장해가고 있었다. 노동운동에 대한 탄압 또한 자심했다. 나는 노동운동 관련 변론에도 진력하고 있었다. 그들이야말로 내 고향 친구나 후배와 다르지 않은 사람들이었다.

  수원지방법원 검찰청 관할 지역에서는 노동운동 탄압이 다른 지역보다 자심했다. 노동자에 대한 법원의 선고형도 더 무거웠다고 느낀 게 사실이다. 같은 지역에서 군림하고 있는 삼성 그룹이 '무노조'를 유지하고자 국가 공권력에 영향을 미친 게 아닌가 하는 생각을 지우기 어려웠다. 삼성전자단지 해고 사건은 삼성 그룹 관련 회사에서 노조를 결성하려고 하자 회사 측이 이들을 사찰하고 미행하고 납치하는 등 갖은 폭력 수단을 동원해서 이를 저지하려고 한 데서 비롯되었다. 삼성코닝에서 해고된 박공우, 삼성전자에서 해고된 이장호, 이들을 도운 수원노동상담소의 조상수 등이 관련자들이었다. 나는 이들을 변론했다. 박공우는 수사, 재판 과정에서 당당할 뿐 아니라 자기 논리를 탁월하게 전개했다. 그의 말은 그냥 받아 적기만 해도 달리 퇴고가 필요 없을 만큼 완결성을 갖추고 있었다. 나는 그를 높이 평가하지 않을 수 없었다. 박공우는 사건 이후 공부를 해서 사법시험에 합격했고 수원에서 약자를 위한 변론 활동을 펴고 있다. 박 변호사 내외는 당시 박공우에 대한 나의 좋은 평가와 격려, 또 나의 헌신적인 변론 자세를 보고 변호사가 되기로 마음먹었다는 말을 한 적이 있다.

현재 한국철도공사 노조위원장을 맡고 있는 조상수 노동자를 만난 것은 경수지역노동자연합 사건을 맡았을 때다. '경수'란 경기 수원 지역을 말한다. 경기도경은 전노협(전국노동조합협의회) 산하 경기남부지역노동조합연합 간부와 전국노동운동단체협의회 산하 수원노동상담소 등 노동 단체 간부 6명을 국가보안법 위반 등의 혐의로 구속하고 9명을 수배 조치했다. 당시 노태우 정권은 대기업 노동 현장에서 진행 중인 노동자 권리 확보 운동과 노조 민주화 운동 등에 용공 혐의를 뒤집어씌워 노동 문제를 노동법이 아닌 국가보안법을 동원해서 저지시키고자 했다.

나는 변론이 직분이었지만 이들과의 만남이 거듭될수록 정작 배우고 있는 건 나라는 걸 깨달았다. 어떤 법률도 땀과 눈물보다 더한 진정성을 지닐 수는 없었다. 나는 땀과 눈물이 스민 법률가이고자 그들에게 삶과 지혜를 배우고 익히면서 더 낮게 나아가고자 했다.

돌이켜보면 인권변호사 시절이야말로 내 인생에서 가장 많이 배우고, 무엇으로 보나 삶이 충만했던 때가 아니었나 싶다. 아내 또한 생활비를 줄여가면서도 단 한 번도 지아비를 탓한 적이 없었다. 이 자리를 빌려 고맙다는 말을 하지 않을 수 없다.

내가 맡았던 숱한 인권변론 활동을 일일이 언급하는 건 낯뜨거운 일이지만 한 가지만은 기록으로 남겨두고 싶다.

나는 노래는 잘 못하지만, 노래를 마음껏 들을 자유는 있다. 누구에게나 그 자유는 있다. 그 자유가 내게도 있다는 뜻이 아니라, 내게는 그 의미가 아주 특별하다는 뜻이다.

1996년까지 한국 가수들은 자유롭게 노래할 수 없었다. 어떤 노래를 부르려고 하면 사실상 사전에 승인을 받아야 했다. 아무도 듣지 않는 곳에서 부르는 것이야 상관없었겠지만 가수라면 음반을 내고 이를 발표하는 형식을 통해 노래를 부르고 전파하고 돈도 버는 것이 자연스러운 일이다. 그때까지는 어떤 노래를 음반에 취입할 것인지를 사전에 국가에게 심의를 받아야 하는 제도가 있었다. 이를 음반사전심의제라고 했고 심의하는 기관은 공연윤리심의위원회였다. 이 제도는 헌법에서 보장하는 예술 표현의 자유를 근본적으로 제약하는 전형적인 악법이었다.

당시에는 음반, 그러니까 셀룰로오스 레코드판 가장 안쪽 트랙에 '건전 가요'를 반드시 넣도록 했다. 「새마을 노래」나 「나의 조국」 같은 박정희가 직접 작사, 작곡을 했다는 노래나 군가 따위가 한 트랙을 차지했다. 독재 권력이 돈 한 푼 내지 않고 가수들 음반을 통해 비윤리적 토대 위에 군림하는 통치의 정당성을 일상적으로 유통시키고 주권자인 국민을 국가주의라는 이름으로 복속시키도록 한 장치였다. 과장된 말이 아니라 나치 선전상 괴벨스도 울고 갈 일이었다. 모든 노래는 국가가 먼저 들었고 자기 입맛에 맞는 노래만 유통시킬 수 있었다. 간단히 말해서 가수가 부를 노래를 국가가 정해주었던 것이다. 여기서 국가라고 말하는 건 국가의 외피를 쓴 독재 정권이었다. 그들은 예술가의 상상력이 근본적으로 위험하다고 생각했고 유신 이래로 예술 문화인의 예술 행위에 대해 일상적인 통제와 감시와 탄압을 자행해오던 참이었다. 박정희 대통령 사망 이후에도 이는 계속해서 이어져왔고 사람들은 달리 저항하지 못한 채 이를 따르고 있었다. 여기에 문제 제기를 한 사람은 법률가도 아니고, 학자도 아니고, 운동가도 아닌, 대중적으로 인기가 높았던 가수 정태춘이었다.

정태춘은 일부러 사전심의를 받지 않은 불법 음반들을 내면서 홀로 싸움을 시작했다. 그는 '음반 및 비디오물에 관한 법률' 위반 혐의로 불구속 기소되었고, 그 음반을 판매한 광주 지역 소매상 여섯 군데는 열흘 동안 영업 정지를 당했다. '음반 및 비디오물에 관한 법률' 가운데 '음반제작업자는 문화체육부에 등록해야 한다'는 조항과 '누구든지 공윤(공연윤리위원회)의 심의를 받지 않은 음반을 배포해서는 안 된다'는 조항이 적용된 것이다. 나는 이 사건의 변론을 맡게 되었다. 가요계, 아니 한국 노래를 대표해서 외롭게 싸움을 시작한 정태춘의 동반자가 되기로 한 것이다. 개인의 인기에 안주하지 않고 노래에게 온전한 자유를 주기 위하여 기꺼이 험한 길을 마다하지 않은 정태춘을 나는 매우 용기 있는 사람이라고 생각했다. 단호하게 말하지만, 그 후 한국의 모든 노래는 정태춘에게 빚지고 있다.

정태춘은 일곱 번째 음반 『92년 장마, 종로에서』를 내면서 또다시 공윤 심의를 받지 않았다. 이 무렵부터 음반사전심의제 철폐 운동이 일어나 노무현 변호사를 비롯한 각계 5천여 명이 철폐 서명에 참여했다. 정태춘은 나의 도움을 받으며 6년여에 걸친 장구한 싸움 끝에, 지금으로 보자면 극히 소박한 결실을 이끌어내기에 이르렀다. 재판부는 사전심의를 받지 않고 음반을 제작, 배포할 경우 처벌할 수 있도록 규정한 '음반 및 비디오물에 관한 법률'이 위헌 소지가 있다는 결정을 내리고, 위헌 여부에 대해 심판해줄 것을 헌법재판소에 제청했다. 마침내 음반사전심의제는 폐기되었다. 각종 규제를 크게 완화하는 내용을 뼈대로 하는 '음반 및 비디오물에 관한 법률 개정안' 또한 국회를 통과했다. 개정안에는 제작업을 기획제작업과 제조업으로 구분하고, 제작업자의 등록 조건도 음반 복제에 필요한 최소한의 시설만 구비하면 가능하도록 해서 창작 활동에 새로운 분기점을 마련했다.

오랫동안 대중 음악인들을 옥죄어온 사전심의 조항 폐지는 헌법 정신에 충실한 것이었고, 가수와 영상 제작자 등이 노래와 영상을 만들고 저장하고 유통시키는 모든 행위를 자율에 맡기게 되었다.

그날까지 우리 노래에는 자유가 없었다. 노랫말과 가락으로 이루어진 노래는 인간 영혼의 가장 자유로운 상태를 표현한다. 나는 그 노래에 자유의 날개를 달아주고 싶었다. 거의 음치인 나의 소망은 정태춘과 함께한 오랜 노력 끝에 달성할 수 있었다. 나에게는 남들보다 노래 한 곡쯤 더 듣고, 영상 한 개쯤 더 봐도 좋을 작은 '특권'이 있다. 기나긴 싸움 끝에 악법을 바꿔낸 일을 여전히 자랑스럽게 여긴다는 뜻이다.

오늘 밤엔 정태춘의 노래를 들어야겠다.

나의 아내, 나의 청춘

내가 아내를 처음 본 것은 대학 2학년 여름방학 때였다.
 나는 친구들과 함께 중고등학교 선배인 서한태 박사를 만나러 갔다. 그는 젊은 후배들과 격의 없이 함께 어울리기를 좋아했고, 나 역시 서 박사를 스스럼없이 따랐기 때문에 방학을 맞아 목포에 내려갈 때마다 자주 그를 찾곤 했다. 그날은 한 찻집에서 만났는데 이야기가 끝나지 않아서 서 박사네 집까지 자리를 옮겨 가면서 대화가 이어졌다. 서 박사는 2층을 응접실로 쓰고 있었다. 어떤 대화를 나누었는지 전혀 기억나지 않는 건 다른 기억이 강렬하게 작용해서일 게다. 서 박사와 한참 댓거리를 하고 있을 때 학생처럼 보이는 한 여성이 마실 것을 내왔다. 그는 세일러복처럼 희고 깃이 넓은 단정한

투피스 차림이었다. 나는 서 박사도 잊은 채 잠시 그에게서 눈을 떼지 못했다. 이전에는 겪어보지 못한 낯선 경험이었다. 나는 스무 살이 넘고 있었던 것이다. 서한태 박사는 서로 인사를 나누라고 했다. 그는 서 박사의 막내딸이었고 고려대학교 1학년이라고 했다. 분명한 건 내가 서한태 박사의 딸 의숙을 처음 보았을 때 그의 주위로 빛이 어른거렸다는 사실이다.

첫사랑이란 그런 것이다. 그날 우리는 달리 이야기를 나누거나 하지 않았다. 그 후로도 다시 그를 만나거나 할 기회는 오지 않았다. 그를 만나려면 다시 서 박사의 집에 가야 할 터였지만 나는 전혀 숙맥이었다.

몇 달 뒤 서한태 박사의 아들 중 한 사람이 내게 전화를 걸어왔다. 아버지께서 테니스 라켓을 전달해주라고 했으니 만나자는 것이었다. 고향에 내려가면 서 박사와 자주 테니스를 치던 사이였으므로 나는 이를 자연스럽게 받아들였다. 따스한 가을날, 약속 장소로 나갔다. 뜻밖에도 거기 라켓을 들고 있는 사람은 아들이 아니라 막내딸이었다. 돌이켜보면 서한태 박사는 막내딸과 나를 맺어주고자 했던 듯하다. 나는 몇십 년이 지나도록 그걸 물어본 적이 없다. 하지만 나는 그렇게 믿고 있다. 그날 의숙과 처음 차를 마셨다.

연애 비슷한 경험조차 없었던 나는 의숙 앞에만 서면 입이 마르고 표현이 서툴렀다. 게다가 아무런 까닭도 없이 행여 무엇인가 잘못돼 그가 어디론가 멀리 가버릴지도 모른다는 불안감으로 초조했다. 이런 게 열병일 게다. 내게도 그런 시절이 있었다. 함께 차를 마시고 밥을 함께 먹고 하면서 4년이 흘렀다. 서툰 연애가 점차 농익어가고 만나는 횟수가 쌓여갔다.

 의숙은 너그러웠다. 쉽게 투정을 부리거나 얼굴이 일그러지거나 하는 일이 없었다. 부자는 아니었지만 구김살 없이 자란 성품이 일상에서 자연스럽게 배어나왔다. 빛나는 아름다움과 함께 나를 편하게 해주는 의숙은 실로 좋은 벗이었다.

 의숙의 대학 졸업을 앞두고 우리는 약혼을 했다. 아내는 목포에서 교사가 되었고, 나는 사법연수원에 다녀야 했기에 우리는 1년 동안 주말마다 서울과 목포를 오가면서 만났다. 나중에는 오가는 시간을 줄이기 위해 대전이나 정읍쯤에서 만나고는 했다. 그렇게 긴 장거리 연애를 하다가 이윽고 내가 목포에서 판사 시보로 일하게 되었을 때 우리는 혼인했다. 목포에서 가장 많은 하객이 모였다는 소문이 날 만큼 많은 사람들이 와서 우리의 인연을 축하해주었다. 나는 곁눈질로 아내를 바라보면서 내 생애의 꿈 가운데 하나를 이루었다고 생각했다.

 의숙은 나의 노선에 가장 오랜 동행자다. 나는 첫사랑과 혼인했고 의숙과도 혼인했다. 이 말은 내가 의숙과의 만남을 통

결혼하던 날. 아내 의숙은 나의 노선에 가장 오랜 동행자다. 아내가 없었다면 나의 노선은 많이 흐트러졌을지 모른다.

해 설렜던 나의 첫사랑을 여전히 설렘으로 사랑한다는 뜻이다. 설렘이야말로 한길을 가게 하는 힘이라고 나는 믿는다. 길에서 설렘이 사라지면 자칫 길은 피로를 배가시킬 수 있다.

아내 의숙이 없었다면 나의 노선은 많이 흐트러졌을지 모른다. 한낱 돈 많이 버는 변호사가 되었을 수도 있었고, 권위를 좇는 판사의 길을 갈 수도 있었다. 또 독재 권력에 의탁하여 민중의 포승 노릇을 하는 검사가 될 수도 있었다. 김&장 법률사무소를 다녔던 4년 동안에 있었던 때를 빼면 나는 돈을 많이 번 적도 없고, 권세가 높았던 적도 없다.

인권변호사로 막 활동하기 시작했을 때 큰아이가 여덟 살, 작은아이가 여섯 살이었다. 수입은 도리어 3할쯤으로 줄어들었으니 아내 의숙은 살림을 꾸려가는 일이 꽤나 힘들었을 게다. 하지만 의숙은 이날까지 그런 나를 타박하지도 않았고, 돈을 벌어오라고 채근한 적도 없고, 내게 어떤 일탈을 요구하지도 않았다. 아내 의숙에게 만약 조금이라도 그런 구석이 있었다면 그 여인의 지아비인 나는 아내를 위한다는 명목으로 작은 불의에 눈감고 작은 이익을 탐하는 실수를 저질렀을지도 모른다. 의숙은 맑은 사람이었다. 불의하거나 부당하거나, 소홀히 작은 이익을 탐하거나 하는 틈새가 조금만 보여도 이를 허용하지 않는 사람이었다. 변호사 시절이나 정치인 생활을 하는 몇십 년 동안 단 한 번도 불의에 타협하거나 부당하게 권세 있는 자를 따르거나 부정적 의혹에 휩싸이지 않고 내가 한길을 걸을 수 있었던 것은 아내 의숙이 있었기에 가능했다. 그가 나와 동행하며 사랑이 되고 채찍이 되어준 덕분이다. 나 자신이 부당한 것에 유혹을 느끼지도 않았지만, 아내는 그러한 것들에 더욱 냉정한 사람이다. 의숙은 나의 노선이 조금이라도 구부러지거나 굴절되거나 할 적에 똑바로 갈 수 있도록 이끌고 동행해주고 뒤에서 밀어준 사람이다.

먼 길을 가는 데 동행 관계만큼 중요한 건 없다. 동행과 자주 다투고 노선 논쟁이 잦다면 어려운 여정일 수밖에 없다. 부족함이 없는 도회 집안에서 성장한 아내는 가난한 섬 출신인 나와는 성장 배경이 달랐다. 하지만 서로 다른 점이 길의 방향을 잡는 데 지혜가 되어왔다는 걸 나는 안다. 양쪽 길을 다 아는 까닭이다.

의숙과 혼인한 지 올해로 42년이다. 단언컨대 나의 노선은 아내 의숙의 노선이었다. 앞으로도 그럴 것이다. 이걸 사랑이라 부르고자 한다.

나의 또 다른 아버지

　나에게는 두 아버지가 있다. 나를 낳아준 아버지가 있고, 나의 장인 서한태 박사가 있다. 장인을 아버지라고 부른다고 해서 두 아버지가 있다고 한 건 아니다. 나를 낳아준 아버지는 교사였고, 장인은 의사였다. 아버지는 살아가면서 세상에 대해 큰 불만을 갖거나 하는 분은 아니었다. 늘 점잖고 알뜰하고 침착한 분이었다. 대신에 장인은 사회 활동을 활발하게 하는 분이었다. 아마도 내가 정치에 나설 수 있었던 것은 고등학교 때부터 알고 지내던 장인에게 영향을 받지 않았다고 할 수 없다.
　장인을 처음 만난 건 고등학교 시절이었다. 장인은 목포중고등학교 대선배였다. 그는 학교 육성회나 동문회 등에서 활발히 일했다. 가진 것이 많지 않아도 늘 남들과 함께 생활과 삶을 나누는 사람으로 일대에서 크게 존경받고 있었다. 최고 지식인이든 동네 건달이든 장인을 싫어하는 축은 없었다. 대개 사람은 친교를 하다 보면 자기와 같은 일을 하거나, 지적 수준이 같거나, 경제적 토대가 비슷하거나 하는 족류 의식을 갖기 쉽다. 장인은 그런 사람이 아니었다.

서한태 박사는 건달을 만나면 건달 마음을 이해하고는 이윽고 그와 친구가 되었고, 대통령을 만나면 대통령의 친구가 되었다. 고등학생인 나를 만났을 적에도 그는 까마득한 후배인 나를 친구처럼 격의 없이 대했다. 그에게는 어떤 위압감도 없었고, 남들 앞에 군림하지 않으면서도 그릇된 칭찬이나 왜곡된 방향을 제시하지도 않았다. 장인은 상대방에게 자기 생각을 고집스럽게 내세우기보다는 타인의 말을 통해 자기 의견을 피력했다.

2018년 세상을 떠날 때까지 나는 장인이 화를 내는 모습을 한 번도 본 적이 없다. 화를 내지 않을 수 있는 간단한 비결은 상대의 생각과 뜻에 맞춰서 내가 생각하는 것이다. 나는 장인을 통해서 그걸 깨달았지만 정작 나 자신은 그렇게 살지 못했다고 생각한다. 나는 장인 같은 사람을 옛말로 부처님 가운데 토막 같다고 하지 않았을까 여기고 있다. 한마디로 장인은 모두의 편이었던 것이다. 그에게 편 가르기는 결코 익숙해질 수 있는 삶의 태도가 아니었다.

장인 서한태 박사는 영산강 살리기 운동을 펼친 한국 환경 운동가 1세대다. 1983년 진로가 주정공장을 목포 시민의 상수도원인 영산강 상류에 세우려고 했을 적에 장인은 '영산호 보존회'를 조직하고 시민들과 함께 이를 저지시켰다. 어떤 문제가 발생해서 투쟁한 게 아니라 문제가 생기기 전에 시민이 뭉쳐 승리를 이끌어낸, 당시로서는 세계적인 환경운동 성공 사례였다.

얼핏 정부나 자본에 반대하는 일처럼 보일지 모르지만 장인의 진정한 관점은 다른 데 있었다. 대자연 파괴와 생명 파괴를 막아야 한다는 생명주의적 관점을 장인은 일생을 통해 유지하고 관철해왔다. 태초 이래로 바닷물이 들고 나던 영산강을 막아서 물이 흐르지 않게 됨으로써 영산호는 썩고 물고기가 생태계 교란으로 떼죽음을 당하고 있었다. 장인은 권력의 힘보다는 자연이 본래 가지고 있는 거룩한 순리를 따르고자 했다.

의사 일로 바쁜 와중에도 호남을 기반으로 한 여러 환경 운동과 사회 활동의 한가운데 장인이 있었다. 주암댐 건설 반대 운동, 영산강 4단계 간척사업 반대 운동 등을 주도했고, 목포환경운동연합, 푸른전남21협의회, 목포녹색연구회를 이끌었다. 그는 일상 속에서 생태 환경을 지켜내기 위해 실천할 수 있는 구체적 방안이나 지침을 끊임없이 찾고 연구하고 제시했다. 내가 폐식용유로 비누 만드는 방법을 알게 된 것도 장인 덕이다. '모두가 쾌적한 환경 속에서 건강하고 인간답게 사는 사회'를 꿈꿨던 장인은 지역 환경운동의 선구적 역할을 하면서 우리나라 환경운동사에 지울 수 없는 발자취를 남겼다. 2000년 환경의 날에는 김대중 대통령으로부터 국민훈장 동백장을 받았고, 2002년까지 대통령 자문기구인 지속가능발전위원회 위원으로 활동했다.

  장인은 어떤 권력도 갖지 않았지만 인심을 기준으로 하자면 최고 권력자였다. 그는 정치를 한 적도 없고 높은 직책을 가진 적도 없었다. 이름난 의사였지만 겨우 생활을 유지하는 정도로 살았다. 형편이 넉넉한 적은 한 번도 없었다. 요샛말로 하자면 젊은 후배들과 조금씩이라도 나눠 가지려고 하는 기부에 익숙한 사람이었다. 천성적으로나 사회적으로 그는 누구를 미워할 수 있는 사람이 못 되었다. 장인은 환자를 치료하는 의사이기도 했지만 진정한 의미에서는 인간 의사였다. 내가 사위라서 하는 말이 아니라 사는 동안 누구도 적의를 가지고 장인을 대하는 것을 본 적이 없다. 사회 활동을 하다 보면 본의 아니게 타인과 의견 충돌을 일으키고 그 때문에 적이 생기는 경우를 흔히 보게 된다. 한국 환경운동 1세대이

자 시민운동 1세대인 장인이 문제의식을 가지고 뛰어들었던 사회 활동들도 그와 다르지 않았다. 장인의 놀라운 능력은 거기에 있었다. 자기 생각과 다르거나 반대편에 있던 사람과도 일이 끝나면 아주 가깝게 지내는 것을 한두 번 본 게 아니었다. 장인은 그런 사람이었다. 나는 그것을 여지껏 다 배우지 못하고 있다.

 장인은 내게 새벽에 일찍 일어나는 생활 습관까지도 가르친 스승이었다. 대학 때 여름방학을 맞아 고향에 머무르고 있을 때였다. 서한태 박사는 내게 새벽 테니스를 치자고 제안했다. 의사면서도 평생 자가용 한 번 사지 않았던 서 박사와 나는 버스를 타고 근처 학교에 있는 테니스 코트로 향했다. 그때는 아직 장인이 아니라 선배였다. 나는 서 선배와 함께 학생들이 등교하기 전까지 매일이다시피 테니스를 치러 다녔다. 테니스가 끝나면 가까운 식당에 가서 아침을 먹었다. 새벽 테니스는 아침에 일찍 일어나게 하는 평생 습관을 내 몸에 들이게 했다.

 2018년 봄날, 장인은 91세로 먼 길을 떠났다. 그날 아들딸들이나 사위나 며느리들은 서한태 박사의 상장례를 주도하지 못했다. 흔히 그 사람이 죽었을 때 그가 어떤 사람인지 알 수 있다고들 한다. 장인의 모든 상장례 절차는 환경운동과 사회

운동을 하는 지역 청년들이 발벗고 나서서 치렀고 식구들은 도리어 조력하는 역할에 가까웠다. 굳이 말하자면 인간 서한태에게는 직접 낳은 아들딸 말고도 수많은 자식들이 있는 셈이다.

나는 지금도 현명한 길을 찾지 못할 때나 삶이 버거울 때면 장인을 떠올리곤 한다. 그를 생각하면, 순리에 어긋나고 탁해 보이기만 하던 세상사가 문득 물처럼 맑아진다. 장인 서한태 박사는 나에게 높은 산이자 넓은 바다였다. 오늘도 장인의 산에 오르고, 또 장인의 바다로 노를 저어 간다.

거기서 평안하소서.

무심할 정도로 고요한 아버지의 침착함과 장인의 지혜가 나를 길렀음이니 어찌 감사드리지 않을 수 있겠는가.

4부

정치는 밥상이다

우리 집에 온 김대중

박정희 대통령은 역사상 처음으로 지방 도시인 목포에 내려와서 국무회의를 열었다. 1967년 총선에 나선 민주공화당 김병삼 후보 당선을 노골적으로 지원하기 위해서였다. 흔히 사람들이 알고 있는 것과 다르게 우리나라에서 자석식 다이얼 전화기가 처음 생긴 곳은 서울이 아니라 목포였다. 김병삼 후보 당선을 위해 그를 체신부장관으로 임명하고 그가 목포에 선심을 쓰고자 취한 조치였다.

김병삼은 헌병 사령관 출신이다. 그는 1949년 6월 26일 백범 김구 선생이 피살되었을 때 경교장 일대의 호위를 담당하고 있었다. 안두희가 헌병대로 이송된 뒤 경교장은 헌병들이 지키고 있었다. 당시 서울지방검사장 최대교가 검사로서 현장을 확인하고 사건을 지휘하기 위해 도착했을 때 소총 개머리판을 들어 이를 저지한 사람이 헌병대 대위 김병삼이었다. 그 뒤 그는 군인으로 출세 가도를 달렸고 5·16 쿠데타 세력에 의해 헌병 대장 지위까지 올랐다.

김병삼 후보와 맞선 상대는 야당인 신민당 김대중 후보였다. 박정희는 현직 대통령 총선 유세 논란에도 불구하고 김병삼에게 유달리 전폭적인 지원을 퍼부었다. 이는 재선 의원이었던 김대중을 저지하고자 했던 것 말고는 달리 이유를 찾을 길이 없다.

김대중은 이런 최악의 조건을 뚫고 목포에서 세 번째 국회의원에 당선되었다. 선거 직후 김대중은 당선사례 인사를 위해 여러 집을 찾아다녔던 모양이다. 그때 우리 식구는 양을산 아래 있는 목포교육대학교 앞 초가집에 살고 있었다. 그러니까 1967년 6월 8일 직후일 게다. 김대중 당선자가 우리 집에 왔고 부모님과 반갑게 인사를 나눴다. 틀림없이 부모님은 김대중 후보를 적극적으로 지지했을 터다. 그때 나는 중학교 2학년이었고 김대중 당선자와 악수를 하거나 하진 않았지만 그 순간을 잊을 수가 없다. 그는 우리 집에 온 최초의 정치인이었다. 그는 생기 넘쳤고 의욕에 차 있었고 자신감이 넘쳐 보이면서도 어딘지 조금 우수 같은 게 어려 있었다. 이런 걸 종합해서 말할 때 멋있다고 하는 것일 게다.

그리고 대학에 다닐 때였다. 상경해서 대학에 다니고 있던 목포 일대 학생 모임이 있었다. 어느 날 모임 대표인 고등학교 선배에게서 연락이 왔다. 나는 잘 알지 못하던 선배였는데 대뜸 김대중 의원에게 세배를 하러 가자는 것이었다. 나는 쑥스러워서 대답도 제대로 못했다. 두 번째로 김대중과 만날 수 있는 기회였는데 우물쭈물 지나가버리고 말았다.

1993년, 나는 '김대중납치사건 진상규명조사단' 일원으로 보고서를 쓰는 일에 참여하고 있었다. 한승헌 변호사가 조사단 책임자였다. 한 변호사는 변호사로서도 선배였고, 인격적으로도 선배였으며, 사회 활동으로도 선배였던, 모든 점에서 내가 우러르는 분이었다. 한 변호사는 나에게 동경 납치 사건에 관련된 것을 조사하고 원고의 한 부분을 쓰라고 맡겼다. 보고서 작성이 끝났을 때 김대중 정치인은 진상규명조사단 사람들을 광화문에 있는 밥집으로 불러서 저녁을 냈다. 잘 기억나지는 않지만 한승헌 변호사, 정치인 권노갑 등 대여섯 명 정도가 함께하는 자리였다. 그때 나는 처음으로 김대중과 악수했다. 그날 김대중은 장인인 서한태 박사와 가깝다면서 고향에 계신 부모님 안부도 잊지 않고 물었다.

안산에 해마루 법률사무소를 낸 1993년 가을 무렵 그곳의 민주당 원로들이 나를 찾아와 입당을 하고 국회의원에 출마하라고 권유했다. 나는 그때 인권변호사 활동에 몰두해 있었고 직업 정치인이 되겠다는 생각은 없어서 즉시 거절했다. 그해 세밑, 이분들로부터 동교동 김대중 총재 댁에 세배를 하러 가자는 연락이 왔다. 나는 정당 사람들과 어울려 설날 세배를 한다는 것이 몸에 맞지 않는 옷을 입는 듯한 기분이었다. 그렇게 해서 다시 김대중과 만날 기회가 지나가버렸다.

이듬해였다. 정계에 복귀한 김대중이 새정치국민회의 창당을 추진하고 있었다. 그 무렵부터 간간이 내 이름이 신문이나 시사 잡지 같은 데 오르내리곤 했다. 내가 김대중 당에 참여해 국회의원으로 출마할지도 모른다는 기사였다. 나는 여전히 직업 정치인이 되겠다는 생각은 없었다. 정치철이 되면 으레 나오는 기사이거니 했다. 그의 측근으로부터 전화가 걸려왔다. 뜨거운 여름날 어느 목요일 아침이었다. 연락해온 이는 변호사인 이상수 전 의원이었다. 그는 자못 힘이 들어간 목소리로 '어제 저녁에 총재님 주재로 회의를 했는데 천정배 당신을 영입해서 안산에 출마시키기로 했다. 돌아오는 일요일 아침, 총재와 법조계 영입 인사들이 만나는 조찬 회동이 있을 예정이니 참석해달라'고 했다. 나는 그동안 언론 기사를 보았기에 별로 놀라지 않았다. '생각해보고 수락하게 되면 그 자리에 나가겠다. 만약에 내가 안 나가면 정치에 뜻이 없는 줄 알라'고 침착하게 답했다. 정식으로 정치권 영입 제안을 받은 것이다. 말은 그렇게 했지만 깊은 고민이 시작되었다. 지금까지와는 전혀 다른 세상과 만나야 하는 갈림길에 서 있는 내가 보였다.

인권변호사 활동을 하면서 나는 개인을 내버리고 민주주의 발전이나 노동운동에 투신하는 사람들을 숱하게 보아왔다. 시련과 고난이 뻔한 길을 기꺼이 마다하질 않는 그들의 숭고한 자세는 무한한 존경심을 불러일으켰다. 그들과 함께해온 내가 혼자 편안하게 살 수만은 없다는 생각이 가슴속에 뚜렷하게 자리 잡고 있던 참이었다. 정치를 해보라는 제안은 그때 들어온 것이다.

변호사로서 법률 지식과 헌신만으로 목표와 뜻을 이루는 데에는 분명히 한계가 있었다. 정치를 한다면 폭이 넓으면서도 더 구체적으로 사회와 국가를 위해 일할 수 있으리라는 생각도 들었다. 그렇다고 쉽게 내릴 수 있는 결정은 아니었다. 부모님과 아내, 내가 신뢰하는 사람들에게 조언을 구했다. 조용환 변호사, 심재권 현재 국회의원, 그 밖에 여러 사무실 동료들이 함께 머리를 맞대고 숙의를 거듭해주었다.

사흘 고심 끝에 1995년 8월 마지막 일요일 아침. 나는 서울역 건너편에 있는 힐튼 호텔로 갔다. 일식집 안에 이미 10여 명 정도 법조계 인사들이 모여 있었다. 이날 회동은 김대중 총재가 법조인 20여 명을 대거 영입했다는 박지원 대변인의 브리핑을 통해 언론에 알려지기도 했다.

서울특별시 마포구 동교동 178-1. 지금은 김대중도 없고 이희호도 없지만, 내게 동교동은 고향 같은 곳이다.

그날 나는 김대중과 두 번째 악수를 나눴다. 그는 이번에도 장인어른과 부모님 안부를 먼저 물어오더니, 곧 결기에 차 있는 분명하고도 나지막한 목소리로 말했다.

"천 변호사는 굉장히 헌신적이고 뛰어난 역량을 가진 분이니 나를 좀 도와주십시오. 정권 교체를 위해서 우리 힘을 합쳐봅시다."

몇 번이나 정치에 뛰어들라는 말을 뿌리쳤음에도 나는 어느 순간 김대중 앞에 앉아 있었다. 정권 교체를 하자는 김대중의 말에 나에게 작은 능력이라도 있다면 거기에 바쳐야 한다는 것에 어느새 뜨겁게 동의하고 있었다.

1996년 설날이었다. 나는 안산에서 출마하기 위해 동분서주하고 있었다. 12월 31일에도 여러 모임에서 인사를 하고 술도 나누고 늦게야 귀가할 수 있었다. 집에서 잠시 눈을 붙인 뒤 새벽에 동교동으로 향했다. 언론에서 함부로 말하는 것과 달리 동교동 김대중의 집은 많은 사람들이 모여 세배를 하기에는 비좁은 보통 집이었다. 이제 막 정치에 입문한 나는 다른 사람들보다 일찍 도착해서 동교동 바깥에 있다가 사람들과 어울려서 세배를 하러 들어갔다. 그날 나와 김대중은 따로 특별한 이야기를 나누거나 하진 않았다. 누구나 마찬가지였다. 세배 온 사람들이 서로 엉켜 가뜩이나 좁은 집 안이 더 정신없이 북적거렸다. 그 뒤로 새해 첫날 세배는 김대중 선생이 세상을 떠날 때까지 이어졌다.

내가 마지막으로 동교동에 간 것은 2019년 9월 19일 늦은 오후였다. 김대중도 없고 이희호도 없는, 비어 있는 동교동이었다. 문패에는 여전히 김대중, 이희호라고 박혀 있었다. 알 만한 사람들은 다 알지만 여염집 문패에 부부가 나란히 이름이 들어간 대한민국 첫 번째 문패를 나는 쓸어보았다. 그리고 소리 내어 집주소를 읽어보았다.

서울특별시 마포구 동교동 178-1.

함께 갔던 후배가 내게 물었다. 선배에게 동교동은 무슨 의미냐고. 나는 짧게 대답했다.

"동교동은 나의 고향 같은 곳이지."

나는 알고 있었다. 내게는 나를 낳아준 부모가 있고 사회적 부모가 있다. 김대중, 이희호 두 분은 나의 사회적 부모다. 두 분이 이 세상에 없는 동교동 문지방에 나는 한참을 앉아 있었다.

별똥별 하나가 추석 지난 흐린 하늘을 긋고 지나갔다.

정권 교체의 거대한 물결을 타고

나는 경기도 안산에서 새정치국민회의 후보로 제15대 국회의원 선거에 출마했다. 내 인생의 첫 선거였다. 정치인으로서 걷는 첫 행보이기도 했다. 공천을 받기도 전에 안산으로 내려가 본격적인 선거 준비에 들어갔다.

내가 출마한 안산 지역에서 '빅쓰리'라고 불리는 민주당 핵심 세 명이 나를 위해 발 벗고 나서주었다. 나보다 열 살쯤 많았던 그들은 양어장 낚시터를 운영하거나 경찰관으로 일했던 안산의 평범한 시민들이었다. 하지만 김대중을 대통령으로 만들어 정권 교체를 이룩하겠다는 열정만큼은 누구도 따라오지 못할 만큼 남달랐다. 그분들의 지원을 받으면서 선거 사무실을 꾸렸다. 윤화섭 사무국장과 조덕임 여성부장 등 중요 인사를 추천받기도 했다. 김대중 총재가 새정치국민회의를 창당할 무렵, 당원을 모집해달라는 요청이 왔을 적에 그들은 놀랍게도 단 이삼일 만에 5천 명의 당원을 모아냈다. 사적 이익을 위한 조직이 아닌, 정권 교체 열망이 모여서 생긴 조직이었기에 가능한 일이었다.

뙤약볕 쏟아지던 한여름날, 나는 첫 거리 유세에 나섰다. 당시 안산에는 공사판이 많았다. 한번은 큰 빌딩을 짓고 있는 현장에 들어섰는데 까마득히 높은 곳에서부터 저 아래 지하에까지 여러 인부들이 비 오듯 땀을 흘리며 일하고 있었다. 나는 다 들리도록 큰 목소리로 외쳤다.

"안녕하십니까? 천정배라고 합니다. 내년 4월 선거 때 안산에서 국회의원으로 출마하려고 합니다. 잘 부탁드립니다!"

그러자 위쪽에 있던 노동자 몇 명이 내려다보면서 대뜸 물었다.

"당신, 어떤 당에서 왔소?"

"새정치국민회의에서 왔습니다. 김대중 총재에게 공천을 받아서 출마하려고 합니다!"

그러자 일순 분위기가 돌변했다. 그들은 모두 손을 내저으며 빨리 다른 데 가보라고 하는 것이었다. 명함도 받지 않으려고 했다. 생각지 못한 반응에 머뭇거리고 있으니까 가까이 있던 사람이 말해주었다.

"어차피 우리는 무조건 지지할 테니까 여기서 선거운동을 할 시간에 다른 데 가서 열심히 하시오. 시간 아까우니까 그만 가봐요."

알고 보니 다른 곳에 가서 선거운동을 하고 표를 많이 얻어서 반드시 당선되라는 뜻이었다. 명함도 자신들에게 줄 것을 아껴 다른 데서 조금이라도 더 많이 쓰라고 했다. 그 순간 이해할 수 없을 정도로 엄청난 안도감이 몰려왔다. 나도 모르는 사이에 이렇게 많은 사람들이 지지하고 있다니, 놀랍고 든든하고 감사한 마음이 뒤섞였다. 거기에는 김대중, 정권 교체가 버티고 있었던 것이다.

나와 경쟁했던 상대 후보는 신한국당의 이상용 후보였다. 그는 내무부 총무과장과 안산시장을 역임한 안산 지역의 대표적인 엘리트였다. 그 밖에 통합민주당에서 최고위원을 지냈던 현직 의원인 장경우 후보를 포함하여 네 명의 후보가 더 있었다. 나는 민변에서 학생운동가, 사회운동가, 노동자들을 변론해온 인권변호사였고, 서울 법대를 수석으로 입학하고 사법시험에 합격한 학벌과 경력 따위를 갖고 있었다. 그런데 나의 가장 큰 배경은 따로 있었다. 다른 무엇보다도 김대중이 공천한 후보라는 사실이었다. 많은 사람들은 오직 그 이유만 가지고도 다른 어떤 것도 따지지 않고 나를 지지해주었다. 그들은 나를 김대중의 대리인으로 보았고, 마흔둘 젊은이를 우리의 대표자로 뽑아서 세상을 바꿔야겠다는 희망을 품고 있었다. 후보자가 누구인가에는 크게 관심이 없다는 게 오히려 조금 서운하게 느껴질 정도였다. 정권 교체를 향한 대중의 열망이 무서운 기세로 밀려오고 있었던 것이다. 그 거대한 파도에 나는 주저없이 온몸을 던졌다.

하지만 선거운동이 그저 순탄하기만 한 것은 아니었다. 안산에서도 서민 동네, 공사판이나 식당, 주택가와는 달리 백화점 앞이나 시내 번화가에서는 분위기가 사뭇 달랐다. 오랫동안 안산 지역에 터를 잡고 살아온 원주민들은 숫자는 적었지만 끈끈하게 조직된 힘이 있었다. 당시만 해도 안산 시의원은 9할 가까이를 원주민들이 차지하고 있었다. 원주민이 아닌 사람이 국회의원으로 당선된 적이 없다고도 했다. 그들은 기본적으로 정권 교체에 별로 관심이 없었고 지역에 달리 연고가 없는 나에게 냉랭했다. 김대중의 당이라고 하면 빨갱이 비슷하게 보는 편견을 갖고 있기도 했다.

나는 마지막까지 선거운동에 총력을 기울였다. 내가 가진 역량을 모조리 쏟아부었다. 나에게 그 선거는 인생을 건 일생일대의 승부였다. 분명한 건 선거가 나 혼자만의 싸움이 아니었기에 외롭지 않았다. 선거가 임박하면서 지지율이 오르는 것을 피부로 느낄 수 있었다. 원래부터 이곳에 살아온 원

1996년 제15대 국회의원 총선 때, 김대중 전 대통령과 함께 선거 유세에 나섰다.

주민들 반응도 조금씩 변하고 있었다. 이런 추세라면 당선되리라는 믿음이 생겼다. 솔직히 나는 애초부터 떨어질 것이라고는 생각해본 적이 없었다. 전쟁터에서 지는 것은 곧 죽음을 뜻한다. 물러서서 생각해볼 여유가 없었기도 했지만, 그때 나는 아직 정치를 잘 모르는 젊은 정치 초년생이었고, 범 무서운 줄 모르는 하룻강아지와 다름없었던 듯하다. 어쨌든 내가 당선될 것을 의심치 않았다.

1996년 4월 11일, 그날의 선거 결과가 지금도 잊히지 않는다. 나는 38.8%를 득표했다. 2등 후보와는 5,918표로 근소한 표차였다. 막상 뚜껑을 열어보니 가까스로 이겼던 것이다. 당연히 당선될 것이라고 자신만만해했던 걸 생각하니 헛웃음이 나왔다. 나는 제15대 초선 국회의원이 되었고, 그 후로 같은 안산 지역구에서 내리 4선을 했다.

나를 정치인으로 만든 것은 8할이 수평적 정권 교체를 열망한 사람들의 힘이었다. 첫 선거를 치르며 나는 그 용솟음치는 민의를 생생히 확인할 수 있었다. 민주주의를 가로막아온 장막은 끝자락을 휘날리고 있었다.

정권 교체, 그날이 다가오고 있었다.

정권 교체, 그날

1997년 12월 제15대 대통령 선거를 나는 초선 국회의원으로 치렀다. 정치공학 따위는 전혀 알지 못했지만 피 흘리지 않고 권력을 바꿔낼 수 있는 다시없는 기회라는 건 잘 알고 있었다. 나는 선거대책본부 정책위원회 부위원장으로 김대중 후보의 공약을 기획하고 다듬는 일을 맡았다. 그때 발표한 여러 공약 중에서 두 가지는 내가 중심이 되어 제안했다. 하나는 국가인권위원회 설치에 관한 것이었고, 다른 하나는 부패방지법을 입법하자는 것이었다. 이 모든 것은 아무리 취지가 좋다 하더라도 정권을 바꿔야 비로소 가능한 일이었다.

선거 당일인 1997년 12월 18일 나는 운명처럼 강원도 인제 지역의 선거 감독 책임자로 가 있었다. 운명이란 말은 이럴

때 쓰는 걸 게다. 인제는 정치인 김대중의 상처와 한이 서린 자리였다. 김대중은 1958년 제4대 국회의원선거 민주당 후보로 나섰으나 자유당 나상근 측에서 등록 무효를 시켜 출마가 봉쇄되었다. 나상근이 당선 무효가 되면서 재보선에 나섰으나 이번에는 다른 이유로 낙선했다. 김대중에게 색깔론이 처음 씌워진 선거였다. 1959년이었다. 4·19혁명으로 제5대 총선이 실시되어 출마했지만 또 고배를 마셨다. 다시 자유당 소속 당선자가 공민권 제한자로 자격을 박탈당하자 재보궐 선거에 나서 국회의원에 당선된 게 1961년 5월 14일이었다. 그 사이에 아내가 세상을 떠났다. 이틀 뒤 5·16 쿠데타가 일어났다. 김대중은 인제에서 숱한 시련 끝에 국회의원이 되었지만 하루도 의원 활동을 하지 못한 채 군인들에 의해 국회가 해산되었다.

나는 그 운명의 현장에서 김대중 후보의 당선을 기다리며 그가 걸어온 고난의 역정을 되새기고 있었다. 투표가 진행되고 개표함이 한 군데로 모이면서 개표가 시작되었다. 김대중 후보와 이회창 후보가 엎치락뒤치락하다가 김대중 후보가 앞서 나아가기 시작할 무렵 당에서 서울로 복귀해도 좋다는 연락이 왔다. 그들의 목소리는 들떠 있었다. 목소리만 들어도 오랜 소망이 현실이 될 수 있을 것 같은 느낌이 전달되어왔다. 나는 승용차를 타고 서울로 오는 동안 내내 라디오를 늘고 있었다. 방송에서도 개표 상황을 중계하면서 김대중 후보의 승리를 조심스럽게 낙관하고 있었다.

꿈에 그리던 일이 눈앞에 닥쳐오는데 기이할 정도로 내 가슴은 차분했다. 차분해지려고 애썼는지도 모른다. 아니, 정권교체 이후가 걱정이었는지도 모른다. 정권을 바꾸면 무엇을 할 것인가. 무엇으로 민주정권에 대한 국민 기대에 부응할 것인가. 개혁이라는 과제는 정권을 교체했다고만 해서 달성되는 것은 아니다. 구체적으로 수많은 방해 요소들을 물리치고 애초에 생각했던 것들을 관철할 때에야 비로소 달성할 수 있을 터였다.

서울로 들어와서 나는 새정치국민회의 당사로 향했다. 국회의원과 당직자들이 모두 텔레비전 앞에 앉아 있었다. 그들은 선거관리위원회에서 최종적으로 김대중 후보 당선이라는 말이 나오기를 기다리고 있었다. 아무도 잠들지 않고 있었다. 누구도 잠들 수 없는 새벽이었다.

아침이 오고 있는 시간이었다. 선관위에서 김대중 후보 당선을 발표했다. 함성과 박수가 터져 나왔다. 어떤 이는 눈물을 흘렸다. 어떤 이는 비명을 질렀다. 어떤 이는 이제 소원이 없다고도 말했다.

얼마쯤 지났을까. 당사에 있는 국회의원은 모두 국회로 오라는 연락을 받았다. 김대중 당선자가 첫 번째 행보로 여의도 국회를 방문한다는 것이었다.

새벽 공기가 차가웠다. 대통령 당선자는 국회 본관 앞 층계에 서 있었다. 속속 도착한 국회의원과 당직자들이 당선자를 둘러싸고 축하 인사를 건넸다. 그리고 기념촬영을 했다. 내가 저승에 사진 한 장만 갖고 가야 한다면 바로 이 사진이다. 어둠이 가시지 않은 미명의 국회 층계에서 사진을 찍었다. 날은 약간 흐렸고 김대중 당선자는 색이 짙은 외투를 입고 있었다. 당선자는 침착했고, 거들먹거리지도 않았고, 역사적인 정권 교체를 이룬 대통령 선거 당선에 대해 특별히 흥분해 있지도 않았고, 언행이 극히 절제되어 있었다. 이 모든 감격적 사태를 그는 예상이라도 했던 것처럼 예의 있고 차분하게 대응했다.

기념촬영이 끝나자 당선자는 남은 우리에게 손을 흔들고 약간 다리를 절면서 자동차로 다가가서 문을 열고 올라탔다. 그리고 국회를 떠났다. 그 장면은 그 뒤 가장 흥분할 수 있는 상황이나 가장 감격적일 수 있는 상황에서 어떻게 해야 하는지 알려준 좋은 지침이 되었다. 김대중은 국민이 그토록 바라왔던 수평적 정권 교체를 평화적으로 이룩해낸 장본인이면서도 전혀 흐트러짐이 없었다. 고마움을 잊지도 않았고, 고마운 인사를 해야 할 사람들을 잊지도 않았다. 무엇보다 중심을 놓지 않았다. 이것이 바로 역사적 책무를 짊어진 자의 자세라는 것을 나는 그에게서 배웠다.

이것이 민주 정부다

정권 교체 뒤 내가 가장 하고 싶었던 일은 국가인권위원회를 만드는 일이었다. 그것은 인권변호사로서 살아온 세월 동안 배우고 익힌 것을 국가 제도로 정착시키는 걸 뜻했다.

1993년 운 좋게도 나는 한국 NGO를 대표해서 오스트리아의 빈에 갈 기회를 얻었다. 빈에서 유엔이 특별 총회로 주관하는 세계인권대회가 열렸다. 1968년 이란의 테헤란에서 유엔 주최 인권회의가 열린 뒤로 25년 만에 열리는 세계인권대회였다. 세계적인 인권운동가들이 모두 빈으로 모여들었다. 한국에서는 여러 인권 단체가 'KONUCH(유엔 세계인권대회를 위한 민간단체 공동대책위원회)'를 결성했다. 나는 KONUCH 집행위원장이었다. 세계인권대회는 무려 7백여 개에 달하는 세계 각국에서 온 NGO들의 열망이 빚어낸 뜨거운 분위기 속에서 두 주일 동안 이어졌다.

빈에서 주로 어울렸던 사람들은 당연히 아시아에서 함께 간 사람들이었다. 유럽에서 온 사람들은 놀라울 정도로 개방적이었고 자유로웠다. 회의 중 단상에 섰던 한 외국 대표는 꽁지머리를 묶고 귀걸이까지 달고 있었다. 그것은 나에게 하나의 경이라기보다 경악이었다고 하는 게 더 옳을 게다. 빈에 있는 동안 나는 잘 때를 빼놓고는 흰 셔츠에 넥타이를 푼 적이 한순간도 없었다. 구두는 당연히 검은색이었고 엄숙한 스타일의 양복을 입고 있었다. 나는 인권을 말하고 있었지만 한편 경직되어 있었고 성장하면서부터 훈련된 가부장적 태도가 몸에 배어 있었다고 보는 게 옳다.

거기서 만난 사람들은 남녀가 친구처럼 스스럼없이 대했다. 적어도 그때까지 나는 남자와 여자는 친구가 될 수 없다고 생각했다. 빈에서의 경험이 없었다면 지금도 그렇게 믿고 있을지도 모른다. 그때까지 나는 여자와는 악수도 쉽게 하지 않는 남자였다. 남녀는 유별하다고 여겼고, 남녀칠세부동석이라는 말은 나의 중요한 윤리 기준이었다. 그런데 인권회의에서 만난 서구 남녀들은 내 눈에는 마치 오랜 연인인 것처럼 악수를 넘어서 서로 포옹을 하거나 뺨을 비비거나 한자리에 나란히 앉아서 주제를 논의하고 토론하고 자유롭게 이야기하고, 때로 팔짱을 끼고 하는 모습을 어렵지 않게 볼 수 있었다. 짧은 며칠 동안의 일이었지만 그 과정을 통해 나는 빠르게 변화하고 있었다. 전부는 아니겠지만 내 안에서 가부장 관습의 뿌리가 뽑히고 있었고 여성에 대한 편견도 허물어지고 있었다. 그때 인상이 너무도 강렬해서 내가 처음 낸 책의 제목을 『꽁지머리를 묶은 인권변호사』로 정할 정도였다.

세계인권대회가 끝날 무렵 여러 나라 대표들은 만장일치로 인권과 관련한 결의안을 채택했다. 이 의제들은 결의안으로 채택되기 전에 여러 부문에서 충분히 토론하고 얻은 결론들이었다. 그중 하나가 저마다 제 나라로 돌아가서 National Human Rights Commission, 즉 '국가인권위원회'를 만들자는 것이었다. 그때까지 나는 인권이란 국가 권력이 저지르는 폭력에 대해 고발하거나 저항하거나, 또는 독재 권력의 부당함을 알리는 데 필요한 개념 정도로만 여겼다. 국가인권위원회란 말은 국가가 인권을 침해하는 것이 아니라, 인권을 지키고 보호하고 관리하는 주체가 된다는 뜻이었다. 그 결의안이 내 가슴을 두드렸다.

대통령 선거가 다가오자 나는 국가인권위원회 설치를 반드시 공약에 넣어야겠다고 다짐했다. 그리고 마침내 정권 교체가 되었다. 나는 국가인권위원회 설치를 위해 여러 사람을 설득하고 이해시키고 당위성을 알리려고 동분서주했다. 당시 새정치국민회의에서 책임을 맡은 사람은 인천이 지역구인 이기문 의원이었다. 그는 나와 같은 초선 의원이었다. 이 의원은 국가인권위원회 설치를 위한 실무책임자로 부지런히 움직였지만 목표에까진 이르지 못했다. 무엇보다 국가인권위원회 설치를 반대하는 세력이 야당뿐만 아니라 권력 내부에도 똬리를 틀고 있었다. 초선 의원으로 그 벽을 허문다는 건 거의 불가능에 가까운 일이었다. 가장 강력한 반대 세력은 검찰이었다. 검찰은 은밀하고도 집요하게 국가인권위원회 설치를 방해하고 공작했다. 그들은 역사적으로 자기 이해관계에 관련된 것이라면 언제든지 국가의 가치보다도 자기 이익에 우선해왔다. 검찰의 최고 권력자들은 정권 실세들을 찾아다니면서 갖은 방법으로 반대 세력을 키우고 조직했다. 그들이 말하는 요지는 간명했다.

'국가인권위원회를 설치하면 정권이 위기에 빠지게 됩니다. 통제할 수 없는 무소불위의 기관이 되어 결국은 정권이 무너질 것입니다.'

검찰이 반대하는 진짜 이유는 따로 있었다. 일제강점기 이후 지금까지 거듭해온 수사 관행에 대해 감시받을 수밖에 없는 상황을 피하기 위한 것이었다. 당시까지만 해도 검찰이나 경찰에서 수사하는 과정에 피의자나 용의자에 대한 욕설과

폭언은 자연스러운 것이었다. 구타는 수사 기법에 속했다. 필요하면 고문까지도 서슴없이 자행하던 터였다.

국가인권위원회의 첫 번째 임무는 국가의 이름으로 저지르는 폭력에 대해서 국가 권력 내부를 감시하고 이를 고칠 수 있도록 하는 것이었다. 검찰은 국가 권력이 내부에 지니고 있는 폭력성을 민주화하는 데 집요한 반대를 조직하고 논리를 기획했다. 최고 실력자들에게는 이것이 권력의 위기를 자초할 것이라는 경고까지 하는 상황이었다.

초선 의원 몇 명이 나서서 이를 돌파하기란 참으로 버거웠다. 나는 다시 마음을 다잡고 여러 뜻있는 사람들을 설득하고 의원들을 조직해나갔다. 여기에 꼭 기록해두고 싶은 이름이 있다. 지금은 한국국제협력단(KOICA) 이사장으로 있는 이미경 의원이다. 이 의원은 좀처럼 형세가 변하지 않는 막막한 상황을 타개하는 데 가장 열정적으로 힘을 실어준 국회의원이었다. 그가 없었다면 나는 국가인권위원회 설치를 포기했을지도 모르겠다.

어렵고 지난한 과정을 거쳐 가까스로 국가인권위원회는 탄생했다. 첫 위원장으로 김창국 변호사가 선임되었다. 초대 사무총장은 현재 국가인권위원장을 맡고 있는 최영애 여성 인권운동가였다. 그 뒤 나는 가끔 반 농담 삼아 '제가 국가인권위원회의 산파입니다'라고 이야기하곤 했다. 국민의 정부 마지막 해인 2002년 2월 19일, 국가인권위원회는 정식으로 출범했다. 수도 서울 한가운데인 서울시청 동쪽 건너편에 자리한 건물이었다.

사람들이 정권 교체를 해서 무엇이 달라졌냐고 물을 때마다 나는 자주 국가인권위원회 설치를 언급하곤 했고 그때마다 속으로 외쳤다.

'이것이 민주 정부다!'

김대중 정부가 1차 남북 정상회담과 IMF 구제금융사태 극복 등 다양한 일을 했지만 나는 국가인권위원회 설치를 주요 성과 중 하나로 꼽고 싶다.

권력은 어떻게 인간의 얼굴을 할 수 있는가. 그 권력이 비로소 인권을 지킬 때다. 돌이켜 생각하자면 김대중 정부가 출범하던 그해인 1998년에 바로 인권위원회가 설치되었다면 얼마나 좋았을까 하는 아쉬움이 남아 있다. 야당과 검찰 등 반대 세력들 때문에 인권위원회 내용이 완화된 것도 여전히 못내 안타깝기만 하다.

국가인권위원회 설치만큼 어렵진 않았지만 부패방지법 법안을 기초하고 통과시키는 일도 만만치 않았다. '부방법'은 참여연대 제안으로 시작되었다. 참여연대의 내 동료는 박원

순 변호사였다. 참여연대는 국민청원 형식으로 천정배 의원을 통해 법안을 발의했다.

정치 권력과 재벌의 결탁을 관습적으로 용인하는 등 부패가 창궐한 해방 이후의 역사를 나는 끊어내고 싶었다. 이승만 정권을 거쳐 박정희, 전두환 권력 때 정경유착은 최정점에 이르러 있었다. 정치 권력과 재벌이 결탁해서 한국을 통치했고 통치 자금과 정치 자금은 세금이 아니라 재벌들의 주머니에서 나오고 있었다. 따라서 부패한 정치인일수록 쉽게 재벌의 먹잇감이 되었고, 정치 권력은 그만큼씩 더 주권자 편에 서는 것이 아니라 재벌 편으로 기울 수밖에 없었다. 재벌이 정치인에게 건네는 돈은 고의적인 탈세, 탈루로 만들어낸 비자금이었다. 따지고 보면 그것이야말로 국가가 거둬들이지 않은 세금이었다. 실질적인 세금이 부패한 정치인들에게 관습적으로 흘러들어갔던 것이다. 이를 끊어내야 한다고 수많은 사람들이 입을 모았지만 제도화하겠다고 나서는 사람은 많지 않았다. 하지만 부패방지법을 대놓고 반대하는 사람은 없었다. 국가인권위원회를 설치하는 것에 비해서는 어렵지 않게 입법이 이루어졌다.

그 뒤로 많은 부패 공직자들이 벌을 받고 투옥되기도 했다. 당시와 지금을 비교한다면 우리 사회의 청렴도는 구정물과 맑은 물에 비유할 수 있을 것이다. 구정물은 혼탁해서 물을

'16대 국회, 정치부패를 어떻게 할 것인가?'라는 주제로 대토론회를 진행했다.

더럽히고 있는 존재를 찾으려 해도 찾을 수가 없다. 맑은 물에서는 흙탕물을 일으키는 존재가 쉽게 드러나 보일 수밖에 없다. 아직 완벽하게 우리 사회가 청렴하다고 생각하진 않지만 제도를 통해 그 윤리적 초석을 놓았다고 나는 자부한다.

국회가 좋은 법을 만들었느냐를 알아보는 쉬운 길이 있다. 좋은 법은 그 법을 만든 국회의원을 위협해야 한다. 자신을 위협하지 않는 법은 그 법을 만든 사람(들)을 보호하는 법에 지나지 않는다. 후배 정치인들에게도 꼭 들려주고 싶은 말이다. 좋은 법안이란 자신을 위기에 빠뜨릴 수 있는 법안뿐이다. 그것이 국민이 가장 바라는 법이다. 부패방지법은 그러한 법률 중에서도 대표적인 법률이다.

국회의원들이여, 오직 자기가 만든 법이 자기를 위협할 때에만 좋은 법이다.

노무현 후보를 혼자 지지한 까닭은

국민참여경선 도입

노무현은 당선이 주특기가 아니었다. 제16대 대통령 선거에서 이겼기 때문에 사람들은 노무현이 선거 전문가 혹은 승부사라고 생각할지 모른다. 노무현은 일곱 번 출마해서 네 번 떨어졌고, 세 번 이긴 것 중에서도 한 번은 보궐 선거에서 승리했다. 승부사라는 말은 맞을지 모르겠다. 하지만 그는 단일한 선거에서의 승부사라기보다 역사를 향한 승부사였다고 말하는 게 맞을 것이다.

정치인 노무현은 언제나 두 가지를 놓고 승부를 겨루었다. 첫 번째는 누구나 다 아는 지역 감정이다. 그는 여기에 굴하지 않았다. 그건 실로 계란으로 바위를 치는 것과 다름이 없었다. 당시에는 두텁고 결코 무너지지 않을 것 같은 견고한 성벽과도 같았다. 두 번째는 부당한 것과 타협하지 않고 마침내 이길 수 있다는 것을 스스로에게 입증하고, 지지자들에게 입증하고, 국민들에게 입증하고, 무엇보다 후대들에게 입증하고자 했다. 노무현이 남긴 숱한 어록들은 이 두 가지 실로 꿸 수 있으리라 본다.

노무현은 부산에서 전두환의 최측근이었던 허삼수를 이기고 처음 국회의원이 되었다. 그가 초선이었을 때 5공 청문회가 열렸다. 전두환의 국회 증언에 분개하여 명패를 집어 던진 건 이때 있었던 일이다.

1990년은 3당 합당으로 시작되었다. 1988년 선거는 역사상 처음으로 여소야대 상황을 만들었는데 이는 1987년 12월 선거, 곧 노태우의 대통령 당선을 부인하는 것과 같은 형세였다. 김영삼이 이끌던 통일민주당, 김대중의 평화민주당, 김종필의 신민주공화당과 무소속은 전두환이 만든 민주정의당보다 의석수를 앞질렀다. 사실 이는 자연스러운 일이었다. 6월 시민항쟁으로 치르게 된 1987년 대통령 선거에서 노태우는 36.6% 정도를 득표하는 데 그쳤다. 통치 행위에 대한 자신감이 없었던 노태우 정권은 통일민주당과 신민주공화당을 흡수 통합하여 선거로 확정된 민의를 뒤집는 이른바 '3당 합당' 정치 쿠데타를 자행했다. 이는 우리 정치 역사상 가장 심각하게 민의를 전복시킨 거대한 정치 공작이었다. 노무현은 3당 합당에 거세게 항의했다.

"이의가 있으면 반대 토론을 해야 합니다. 토론과 설득이 없는 회의가 어디 있습니까."

그의 말이 지금도 귀를 울린다. 그는 끝내 3당이 합당한 민자당에 합류하지 않았다. 얼핏 이는 그다지 어렵지 않은 일처럼 보일지 모르지만 당시 지역 정당의 완강한 구조를 생각한다면 결코 쉽지 않은 선택이었다. 노무현은 그런 사람이었다. 그는 14대 총선에서 다시 민자당 간판을 달고 나온 허삼수와 맞붙었으나 고배를 마셔야 했다. 1992년도 일이었다. 노무현이 나와 함께 사무실을 쓰기 시작한 것은 그 다음 해이다.

1995년에 처음으로 지방 단체장을 선거로 뽑는 전국동시지방선거가 있었다. 노무현은 이때도 통합민주당 후보로 부산광역시장에 출마하여 다시 한 번 쓴잔을 들이켜야 했다. 하지만 노무현의 언어와 행동과 표정 어디에도 패배자란 느낌이 어려 있지 않았다. 수많은 인터뷰에서 그는 이렇게 말했다.

"저는 저를 희생해서 지역 감정 구도를 반드시 깨뜨리고야 말겠습니다."

실로 멋진 말처럼 들리겠지만 정치인은 현역이 아니면 무기력한 존재다. 사람들이 자주 인용하는 일본 정치판 속담이 있다. "원숭이는 나무에서 떨어져도 원숭이지만 정치인은 선거에서 떨어지면 사람도 아니다." 노무현 또한 이를 잘 알고 있었다. 하지만 그는 기꺼이 가시밭길을 택했다.

이듬해인 1996년, 여전히 통합민주당 후보로 서울에 올라와서 한국 정치 1번지라 부르는 종로구에 출마했으나 세 번째 낙선했다. 당시 상대 후보는 신한국당의 이명박이었다. 노무현과 이명박의 운명은 세 번 교차했다. 한 번은 종로에서 맞붙었고, 두 번째는 노무현이 대통령에 당선된 뒤 이명박은 노무현이 소속된 민주당의 후보를 꺾고 서울시장에 당선되었다. 세 번째 운명은 노무현 대통령 퇴임 후에 이명박 정권에 의한 노무현 압살이었다.

1997년 이명박은 의원직을 그만뒀다. 종로구는 다시 보궐선거를 시행하게 되었다. 그 무렵 소수 정당으로 7년을 버텨오던 통합민주당은 새정치국민회의와 합당했고 1998년 실시된 종로구 보궐선거에서 노무현은 마침내 여당인 새정치국민회의 후보로 출마하여 국회의원에 당선되었다. 16대 총선 때인 2000년 노무현은 다시 '서슴없이' '거침없이' '주저할 것 없이'(이 모든 수식어를 붙이는 게 맞다) 부산으로 내려가 새천년민주당 후보로 출마하여 한나라당의 허태열 후보와 맞붙어서 낙마했다. 하지만 그는 무릎을 꿇은 것이 아니었다. 패배한 것도 아니었다. 그는 역사 이래 가장 비극적인 통치 수단이었고 민중 이간책인 지역 분열의 경계에서 이를 통합하는 최전선에 서 있기를 마다하지 않았다.

　나는 이런 노무현의 궤적을 누구보다 잘 알고 있는 사람 중 하나다. 흔히 말해서 성공한 뒤에 노무현과 내가 교류했다면 나는 노무현의 진면목을 알아보지 못했을지도 모른다. 나는 노무현의 그 무모한 도전을 곁에서 지켜보고 지원하고 함께했다.

　2002년이 왔다. 많은 사람들이 2002년을 월드컵 축구대회가 열린 해로 기억하겠지만 정치인들에게는 대통령 선거가 열린 해일 수밖에 없었다. 제16대 대통령 선거의 가장 뚜렷한 특징은 대통령 후보를 선출하는 데 국민참여경선 제도를 도입한 것이었다. 사실 이것은 이상한 주장이 아니었다. 주권자인 국민이 대통령을 뽑는 것이 자연스러운 일이듯 대통령 후보 또한 국민이 참여해서 뽑는 게 지당한 일이었다. 그 전까지 한국 정치는 지역 대표 당원들 몇몇이 모여서 후보를 결정하는 형식이었다. 이는 민의가 온전히 전달된다기보다 정치적 수완과 재능이 있는 사람에게 유리한 구조이기도 했다. 당시 새천년민주당에서 대통령 후보를 결정할 수 있는 핵심 당원은 천여 명 정도였다. 소수이다 보니 자연히 표를 매수하기가 그다지 어렵지 않았다. 당시 재선이었던 나는 이를 개혁하는 일을 동료들과 함께 주도하고 있었다.

집권 여당인 새천년민주당에서 이런 정풍 운동을 주도하고 있는 사람들을 '천신정'이라 불렀다. 천정배, 신기남, 정동영. 셋의 성을 딴 통합 별칭이었다. 김대중 정권은 2000년 6·15 남북 정상회담, 노벨평화상 수상 등 커다란 성과가 있었지만 아들들 문제에서 비롯된 몇몇 일로 민심이 가라앉아 있었다. 나는 이 민심을 읽고 신뢰를 회복하지 않으면 정권 재창출도 어렵고, 국민을 위한 정치에 이르는 것도 마찬가지로 어렵다고 보았다. 다른 한편 우리 정치는 3김 시대의 끝을 달리고 있었다. 개인 카리스마에 의지한 정당 운영이나 정치 리더십은 끝나가고 있었다. 따라서 국가적으로 보더라도 미래의 바람직한 정당과 정치에 대한 준비가 필요한 시점이었다. 쇄신과 개혁이 필요했다. 이러한 시대 과업을 위해 출발한 게 쇄신정풍 운동이다. 나를 비롯한 소장파 의원들은 먼저 우리 자신을 쇄신하고 개혁해서 국민 지지를 다시 얻어야겠다는 일념으로 당 개혁에 앞장섰다.

우리는 모두 재선 국회의원이었는데 똘똘 뭉쳐 두려움을 이겨냈다. 김대중 대통령이 개인적으로는 섭섭하게 생각했을 수 있으나 우리는 대권과 당권을 분리하는 일을 정당 정치 민주화의 요체로 보았다. 그에 따라 김대중 당총재에게 대통령직만 수행하고 총재직은 내려놓으라고 요구했다. 정당 대표가 총재란 이름을 갖고 있던 시대의 일이다. 지금이야 정당 대표를 다들 '대표'라고 부르지만 그때는 총재가 당에 대해 무소불위의 권한을 행사하던 시대였다. 당 권력에 대한 민주화가 선행되지 않았다면 대통령 후보 선출에서 국민참여경선 제도를 도입하는 것은 불가능했을 것이다. 지금이야 원내대표도 투표하고 당의 주요 당직자들을 뽑을 때도 투표 방식이나 민주적 의사결정 과정을 도입하는 것이 자연스럽지만 그 모든 것은 새천년민주당의 당내 민주화 이후의 일이다. 우리는 당의 원로 조세형을 위원장으로, 15명을 위원으로 하는 '당 발전과 쇄신을 위한 특별대책위원회(특대위)'를 출범시켰다. 이 특대위를 통해 당권과 대권 분리, 총재 제도 대신 집단지도 체제 도입 등 여러 개혁 방안을 만들었다. 그중 하나가 국민참여경선으로, 대통령 후보 선출 방식을 획기적으로 바꾼 것이었다.

대선 쟁점은 두 가지였다. 하나는 후보를 결정하는 일이었고, 다른 하나는 어떤 방법으로 후보를 결정하느냐 하는 것이었다. 민주당은 그해 3월부터 전국 17개 주요 도시를 돌면서 대통령 후보 경선을 시행했다. 역사상 처음으로 일반 시민들도 함께 투표해서 후보를 선출하는 방식이었다.

나는 처음부터 국민 참여 100%를 주장했다. 특대위원 다수는 당원과 국민 참여 비율을 7 대 3 정도로 생각했고, 그렇게 잠정 결정이 나서 공표까지 했다. 나는 그 정도의 낮은 참여

율로 국민들을 들러리로 만들어서는 안 되고 개혁의 의미도 떨어지기 때문에 국민 비율을 높여야 한다고 강력하게 주장했다. 갑론을박 끝에 경선 참여 비율은 5 대 5로 결정되었다. 정치인으로서 내 인생에 보람 있는 일을 몇 가지 말해보라고 한다면 절대로 뺄 수 없는 한 가지가 국민참여경선 제도의 도입이다.

노무현 후보 지지 선언

제16대 대통령 선거에 여당 후보로 출마했던 이들은 김근태, 한화갑, 이인제, 정동영, 김중권, 유종근, 노무현이다. 7명의 후보 중 누가 가장 적임자인지를 나는 면밀히 따져보았다. 대세는 이인제였다. 상대 후보인 이회창의 유일한 대항마로 불리며 가장 큰 당세를 차지하고 있었다. 하지만 내가 보기에 그는 민주당 후보로는 정체성이 맞지 않았다. 1997년 신한국당 경선 불복 사건으로 영남에서는 다시 표를 얻기가 어려웠고, 그가 선거에 나가면 동서 대결 구도가 되는데 그렇게 해서도 이길 수가 없다고 보았다.

나는 여러 후보들과 개인적으로 특별한 인연이 있었다. 김근태 의원은 통일시대민주주의국민회의를 만들 때부터 뜻을 함께했고, 한화갑 의원은 고등학교와 대학교 선배일 뿐만 아니라 한때는 아파트 아래윗집에 살기도 했다. 정동영 의원은 쇄신정풍 운동을 함께 이끌어왔으니 말할 것도 없이 든든한 동료였다. 그럼에도 나는 노무현을 지지하기로 했다. 무엇보다 노무현의 개혁성을 중요하게 생각했다. 당선 가능성도 가장 높다고 봤다. 그는 대중적 흡입력이 있을 뿐 아니라, 특히 영남 지역에서 표를 얻을 수 있었다. 여기에 호남표, 수도권의 젊고 개혁적인 표를 끌어당긴다면 충분히 이길 수 있다고 판단했다. 하지만 당시 당내에서 노무현을 지지하는 세력은 거의 없다시피 했다. 그들과 달리 나는 노무현이 반드시 대통령이 된다고 장담할 수는 없어도 민주당에서는 최강 후보라고 확신했다.

노무현 후보 지지를 내가 공식적으로 선언한 것은 2001년 7월 부산에서였다. 대선을 1년 반쯤 앞두고 있을 때였다. 노무현 예비후보 캠프에서 일하던 윤석규 활동가가 전화를 해서 '부산에서 노무현 후보를 돕고자 하는 사람들이 포럼을 만드는데 창립 기념 강연을 해달라'고 요청했다. 내가 고심 끝에 노무현을 지지하기로 마음먹었을 무렵이다. 나는 흔쾌히 수락하고 부산으로 내려갔다. 창립 기념식은 아리랑 호텔에서 열렸다. 나는 초청 강연에 앞서 기자간담회를 갖고 "노무현 후보는 지난 수년 동안 개혁의 원칙을 고집스럽게 지켜온 특이한 정치인으로 부산 지역 선거 등에서 지역주의에 타협하지 않고 넘어서려 했다. 개혁을 적극 지지하고 추진할 수 있는 노무현 후보가 다음 대통령이 되어야 한다"고 밝혔다. 국회의원 최초의 공식적인 노무현 지지 선언이었다.

그 후로 2002년 3월 경선이 시작된 후에도 노 후보 캠프에 참여했던 현역 의원은 나 하나뿐이었다. 민주당 의원이 100명이 넘었는데, 모두 노무현 후보는 가망이 없다고 보았다. 그렇다고 해서 지지에 대한 나의 결심이 흔들린 적은 한 번도 없었다. 개인적으로 쌓아온 노무현에 대한 신망도 있었지만 내 선택은 여러모로 합리적이었고 도전과 승리를 위한 타당한 판단에서 나온 것이었다.

대개 정치인들은 당선 가능성이 유력한 후보를 지지하는 게 상례다. 그래야 자기의 정치 생명도 연장되기 때문이다. 그들에게 당시 노무현 후보는 당선 가능성이 거의 없었다고 해도 어긋난 말이 아닐 것이다. 나는 6월시민항쟁을 창조해 낸 주권자들이 비록 시간은 걸렸지만 김대중을 대통령으로 당선시켰던 것처럼 김대중 정신과 민주화 운동의 가치에 가장 부합한 후보가 노무현이라는 걸 제대로 설득해내기만 한다면 충분히 당선될 수 있었다. 나는 그런 점에서 지극히 이상적이면서 동시에 현실적이다. 김대중은 일본 정치 속담인 "서생의 문제의식과 상인적 현실감각"이라는 말을 가끔 인용하곤 했다. 이 말은 이상은 높아야 하고, 이상을 실현하는 과정은 지극히 현실적이고 구체적이어야 한다는 뜻이다. 나는 노무현의 이상을 높이 샀고, 동시에 그가 현실을 자기 것으로 일으켜낼 수 있는 열정을 갖고 있다는 걸 잘 알고 있었다.

경선

3월 9일 제주에서 새천년민주당 대선후보 첫 경선이 개최되었다. 이인제는 부동의 지지율 1위 후보였고 노무현은 지지율 한 자릿수인 열세 후보였다. 하지만 막상 판이 열리자 노무현은 첫 경선에서 예상을 깨고 3위에 올랐다. 12일 울산 경선에서는 '반드시 동서화합을 이뤄내겠다'는 연설로 이인제 후보를 누르고 1위로 올라섰다.

사상 처음 치르는 국민참여경선에 대한 국민 대중의 관심은 뜨거웠다. 3만 5천 명을 추첨으로 뽑는 국민 선거인단 모집에는 190만 명이 신청했다. 세 번째로 치르는 광주 경선은 당선의 당락을 좌우할 만큼 중요한 분수령이 되었다. 나도 미리 광주로 가서 선거 캠프에 합류하고 선거운동에 전력을 다했다. 조직화된 시의원들을 찾아다니고 각 지구당을 돌면서 사람들을 모아놓고 노 후보 대신 찬조연설을 했다. 차를 타고 움직이는 틈을 아껴가면서 유권자들에게 전화를 돌렸다. 광주에는 유권자가 그리 많지 않았다. 정확하게 기억나진 않지만 아마 6~7백 명 정도 되었던 듯하다. 나는 한 사람도 빼먹지 않겠다는 각오로 유권자들에게 전화를 돌리고 끈질기게 설득했다. 단순히 '여기는 기호 몇 번 노무현 후보 사무실입니다'라고 말하는 게 아니라 내 나름대로 전략을 세웠다. '통화 괜찮으시냐'고 물은 뒤 내 소개를 짤막하게 하고 '미안하지만 바쁘시더라도 중요한 문제이니 내가 당신과 꼭 통화를 해야겠다. 당신은 돌아오는 12월 대통령 선거에서 우리 민주당이 이겨서 대통령이 나오기를 바라지 않느냐'로 시작해서 대통령이 나오게 하려면 노무현 후보가 되어야 한다고 그가 수긍할 때까지 통화를 했다.

광주 경선 투표일은 토요일이었는데 이틀 전인 목요일에 여론조사 결과가 보도되었다. 민주당 후보들과 한나라당 이회창 후보 사이 맞대결 여론조사를 했는데 이인제는 예상대로 이회창 후보한테 상당히 근접했지만 지는 것으로 나왔다. 그리고 놀랍게도 노무현은 1.1% 포인트 이기는 결과가 나왔다. 대세였던 이회창 후보를 민주당 후보가 이기는 결과가 나온 것 자체가 처음 있는 일이었다. 그 후로는 선거운동이 훨씬 수월해졌다.

3월 16일 광주 경선이 열렸다. 2천여 명이 모인 광주 염주

노무현은 이회창을 이길 수 있는 유일한 카드라는 기대 속에 마침내 판을 뒤집고 1위를 차지했다. 개표 결과가 나오자 체육관이 떠나갈 듯 함성이 쏟아졌다.

종합체육관 안에 팽팽한 긴장감이 흘렀다. 노무현은 이회창을 이길 수 있는 유일한 카드라는 기대 속에 마침내 판을 뒤집고 1위를 차지했다. 개표 결과가 나오자 체육관이 떠나갈 듯 함성이 쏟아졌다. 그 역사적인 승리의 순간을 기록한 사진이 남아 있다. 노무현 후보와 나는 함께 손을 붙잡고 기쁨과 감격에 젖어 열광하는 지지자들을 향해서 여러 번 고개 숙여 인사했다. 노무현 후보는 연단에 서서 자신의 승리가 "광주의 승리, 민주당의 승리, 한국 민주주의 승리로 이어질 수 있게 하겠다"고 외쳤다. 마침내 노풍이 거세게 휘몰아치기 시작했다.

노무현의 지지율은 단숨에 급상승했다. 광주 경선 직후 이인제의 지역 기반인 대전, 충남권에서 일격을 당해 주춤하기도 했지만 강원, 경남, 전북, 대구 경선에서 연달아 승리하며 다시 역전했다. 2002년 4월 27일 서울 경선을 끝으로 노무현은 새천년민주당의 제16대 대통령 선거 후보로 공식 선출되었다.

후보 단일화

4월 27일 대통령 후보로 확정된 다음 날. 노무현 후보와 나는 4·19 묘지에 찾아가 늦은 참배를 했다. 차를 타고 나오는 길에 앞 차에 타고 있던 후보가 전화를 걸어왔다. "잠깐 차 한잔합시다." 가까운 데 있던 조선호텔 커피숍으로 갔다. 노무현 후보는 나에게 앞으로 꾸릴 대선 기획단 비서실장을 맡아서 선거 캠프를 총괄해달라고 했다. 나는 그 제안을 정중히 사양했다. 어느 자리에 있든 나는 무조건 앞장설 것이니 다른 사람을 두는 편이 후보에게 훨씬 도움이 될 것 같았다. 나는 김대중의 비서실장을 한 경력이 있는 정동채 의원을 추천했다. 검증된 능력은 물론이고 앞으로 김대중 진영과의 관계를 쉽게 풀 수 있는 인물이라고 여긴 터였다.

경선 직후 국민여론조사에서 노무현 후보 지지율은 당시 역대 대통령 후보 가운데 사상 최고치라는 60%를 기록했다. 상대로 누가 나오든 남아 있는 기간 동안 지지율을 잘 유지하기만 하면 당선이 될 상황이었다. 그런데 예상치 못한 일들이 벌어졌다. 월드컵 열기가 몰고 온 정몽준 돌풍까지 불면서 지지율은 무섭게 하락했다. 6월 13일 지방선거에서 여당이 참패하자 지지율은 10% 대로 곤두박질치기에 이르렀다. 금세 판도가 뒤집혔다. 이회창, 정몽준, 노무현 순으로 대선 후보 지지율이 몇 개월간 유지되었다. 이대로 가면 선거에서 이길 확률이 아주 낮았다. 10월 말, 대선이 코앞에 닥치자 노무현 진영 내에서 극비리에 단일화 이야기가 흘러나오기 시작했다.

당시 여론조사에선 정몽준이 조금 앞서고 있었다.

이 문제를 놓고 선대위원회에서 이삼십 명이 모여 회의를 열었다. 워낙 중대한 사안인지라 먼저 한 명씩 돌아가며 차례로 자기 의견을 내놓기로 했다. 생각보다 많은 사람들이 단일화에 결사반대하고 나섰다. 한 참모는 '노무현 후보가 우리 지지자들을 정몽준 후보에게 양도할 권리는 없다'면서 울음을 터뜨리기도 했다. 내 차례가 돌아왔다. 그때 사람들은 나 역시 단일화에 반대할 것으로 생각했던 것 같다. 그들의 생각과 달리 나는 적극적으로 단일화에 찬성했다. 지금의 3파전 형세로는 질 것이 분명하니 리스크를 감수하고라도 단일화 쪽으로 승부수를 띄워야 한다는 것이 나의 냉정한 판단이었다. 게다가 우리 후보 지지율은 바닥에서 약간 고개를 쳐들고 있었고, 정몽준 후보 지지율은 살짝 꼬리를 내리고 있어서 크로스가 일어날 수 있으리라는 확신이 내심 있었다. 나의 주장은 찬반이 팽팽하던 회의장 분위기를 뒤집어놓았다. 격렬한 토론이 장시간 이어졌으나 단일화로 결론이 났다.

다행히 나의 예상은 적중했다. 후보 선출을 위한 여론조사에서 노무현은 '리서치앤리서치' 기준 46.8% 대 42.2%로 정몽준을 꺾고 민주당과 국민통합21 양당의 단일 후보가 되었다. 국민들은 이회창 후보의 대항마로 노무현을 선택했다. 제16대 대선이 채 한 달도 남지 않은 시점이었다.

두 번째 대통령 선거에서 이기던 날

　신한국당의 이회창 후보는 만만치 않은 정치인이었다. 법관 출신인 그는 대법관, 감사원장, 국무총리, 당총재, 대선 후보로 올라선 사람이었다. 정치인이 거치는 일반적 과정과는 경로가 사뭇 달랐다. 총리 시절에는 김영삼 대통령과 맞서서 '대쪽 총리'라는 별명을 얻기도 했다. 정치인에게 이런 이미지는 말할 나위 없이 좋은 브랜드라고 할 수 있다. 이회창 후보는 1997년도에는 김대중 후보와 맞서서 39만 표(1.6%)라는 근소한 표차로 고배를 마셨다. 김영삼 정부의 실정으로 IMF 구제금융 사태가 촉발된 상황이었다. 게다가 집권 여당에서 이인제 씨가 경선에 불복하고 탈당하여 독자 후보로 출마해 있었다. 그럼에도 불구하고 김대중 후보는 낙승을 예상하기 어려웠다. 김종필 세력과 손을 잡는 DJP 연합은 승리를 위해 반드시 필요하고 또 불가피한 운명이었다.

이회창 후보가 걸어왔던 엘리트 코스의 고급스러운 이미지, 곧 빼어난 경력은 모두가 부러워할 내용이었지만 동시에 서민들에게는 가닿을 수 없는 존재처럼 보였던 것도 사실이다. 게다가 아들 병역 문제가 폭로되면서 민심이 흔들렸다. 이회창 후보는 당을 이끌고 절치부심하여 다시 5년을 준비했다. 이제는 야당이 되어 여당 후보인 노무현과 맞서고 있는 상황이었다. 2002년 월드컵 대회를 거치면서 빠르게 부상한 정몽준 의원도 대통령 후보로 나선 상황이었다. 기본적으로 정몽준 후보는 보수 쪽을 대표하고 있었고 그 지지표는 세력의 분열을 뜻했다. 1997년 대통령 선거나 2002년 대통령 선거에서 보수 지배 세력의 분열이 민주 세력 승리의 요인이 되었던 건 부인하기 어렵다. 아직 한국 민주 세력은 지지 기반이 그만큼 양적으로, 또 상대적으로 약했던 것이다. 그런 과정에서 노무현, 정몽준 후보 단일화가 이루어졌고 노무현은 승리를 거두면서 대통령에 당선될 수 있었다.

선거 당일 나는 내 지역구인 안산에 있었다. 지역 유권자들이 한 명이라도 더 투표장에 갈 수 있도록 격려하는 것이 내 임무였다. 내가 두 번씩이나 국회의원에 뽑힌 곳이라서 지역구 분위기는 뜨거웠지만 다른 지역의 상황은 체감하기 어려워 내심 불안한 마음이었다.

투표가 다 끝난 뒤 나는 서울 당사로 올라와서 텔레비전 앞에서 다른 의원들과 함께 개표 진행 과정을 지켜보았다. 당선이 확실시되자 후보가 당사로 나왔다. 당선자는 김대중 후보 당선 때와 마찬가지로 그다지 흥분해 있지 않은 상태였고 침착했다. 수많은 사람이 후보에게 당선을 축하하는 말을 건넸고 나도 간단히 인사를 나누었다. 우리 둘은 굳이 아무 말도 하지 않았다. 서로 눈빛만으로도 알 수 있었다. 늘 그랬듯 이심전심이었다. 나는 당선자가 다른 사람들과 더 충분히 이야기할 수 있도록 멀찍이 떨어져서 앉아 있었다. 그런 순간 내가 앞서거나 하면 공치사를 한다고 보일 것이고, 그건 당선자에게도 좋은 일이 아니라고 생각했기 때문이다.

돌이켜보면 나는 늘 그런 순간에는 뒤로 물러나 있었던 듯하다. 사실 나는 두 번째 당선에 대해 크게 기뻤다기보다 안도하는 마음이 더 컸다고 해야 할 게다. 참으로 숱한 우여곡절 끝에 당선에 이른 까닭이다. 김대중 후보 당선 당시에 나는 정치 초년생이었지만 노무현 후보를 처음 지지한 국회의원으로서 그 뒤로 고락을 같이한 순간들이 주마등처럼 스치고 지나갔다. 두 번째 민주 정부 출범에서는 이전과는 다른 무거운 책임감 같은 걸 피할 수 없었던 듯하다. 선거란 반드시 승리해야 하는 것이지만 승리하는 만큼 책임 또한 져야 한다.

 마침내 민주 정부 2기가 출범했다. '국민의 정부'에 이은 '참여정부'였다. 참여정부란 말을 쓸 때마다 나는 국민참여경선이 자연스럽게 떠오르곤 한다. 지금은 초등학교라고 부르는 국민학교 시절부터 민주주의는 참여가 가장 큰 특징이라고 배워왔는데, 진정한 의미에서 그것을 실현한 첫 번째 대통령 선거가 아니었나 싶다. 노무현 후보를 지지한 거대한 인터넷 물결도 시민 참여의 한 형태였음은 물론이다. 그때는 가짜 뉴스 같은 게 없었던 시절이다. 노무현 지지 세력들은 누구보다 빠르게 인터넷을 이용해서 후보의 동향과 후보가 품고 있는 전망과 미래를 공유했고, 이를 넘어서 돼지 저금통에 돈을 모아서 선거 비용으로 지원했다. 이것이 바로 참여다. 새천년민주당은 국민참여경선을 통해 주권자들의 참여 의식을 제도화했고 국민들은 그보다 더 폭넓게 광범위한 참여로 노무현이라는 파도를 일으켰다.

 밤하늘이 아름다운 것은 북두칠성이나 전갈자리 같은 이름 있는 별 때문만이 아니라 우리가 다 알지 못하는 이름 없는 수많은 별들 때문이다. 민주주의는 그 많은 별들에게 영광을 돌리는 일이다. 그 길은 오직 한 가지뿐이다. 바로 참여다. 참여야말로 민주주의의 꽃이다.

민주 세력은 그 별들 사이로 두 번째 길을 냈던 것이다.

나의 공부

잡기에 별다른 재주가 없는 나에게 책 읽기는 평생 동안 즐겨온 취미이자 습관이다. 어린 시절을 보낸 암태도에서는 책이 귀해서 언제나 읽을거리에 갈증을 느꼈다. 집에 굴러다니는 책과 학교에 있는 책을 몽땅 읽어버리고 나서는 동네 어른들이 보다가 던져둔 농민 잡지 『농원』까지 모조리 읽어치우곤 했다.

가장 마음껏 책을 읽을 수 있었던 때는 공군 법무관으로 근무하던 때였다. 3년 동안 나는 문학, 자연과학, 어학, 잡지 할 것 없이 닥치는 대로 읽어 댔다. 대학 때 겉핥기로 배우고 넘어간 교양 영어도 독파하고, 독일어도 새로 공부했다.

내가 근무하던 법무관실에는 한 군의관이 공안 사건에 연

루되어 국가보안법으로 처벌받은 사건의 증거물이 보관되어 있었다. 군 수사 기관에서 그가 지니고 있던 '금서'를 여러 권 압수했던 모양이다. 나는 증거물로 남아 있는 그 책들을 하나둘 읽어나갔다. 대부분 영어로 된 원서였는데, 마르크스의 『공산당선언』, 파울로 프레이리의 『페다고지』 같은 책이나 리영희의 『우상과 이성』『전환 시대의 논리』도 있었다. 그 책들에는 학교나 연수원에서는 보도 듣도 못한 내용이 들어 있었다. 내용을 곧이곧대로 받아들이기 어려운 책도 있었고, 전혀 생소한 주장을 담고 있는 것도 있었다. 어쨌든 대학 다닐 때도 읽어본 적 없는 사회과학 서적을 군법무관 시절에 읽게 된 것이다.

내 인생에 큰 충격을 준 소설인 『어둠의 자식들』을 읽은 것도 그즈음이었다. 사람들에게 가장 감명 깊게 읽은 책이 무엇이냐는 질문을 받으면 나는 주저 없이 이 책을 꼽아왔다. 『어둠의 자식들』은 실제 인물인 이동철의 경험을 토대로 한 르포 소설이었다. 70년대 도시 빈민들의 삶을 적나라하게 묘사하여 당시 사회적으로도 상당한 반향을 일으켰다. 소설의 주인공은 아동보호소, 소년원, 유치장, 감방을 전전하며 살아온 인물이다. 창녀촌과 도시 뒷골목을 배회하며 밑바닥 생활을 하던 그는 세상에 대고 "발싸개 같은 천하의 양아치도 인생살이에 관하여 몇 마디 할 권리는 있다"고 선언한다. 그는 가진 자를 중심으로 움직이는 세상에 야유를 퍼붓고, 온갖 비리와 병폐, 악습으로 얼룩진 우리 사회의 치부를 낱낱이 드러내 보인다.

『어둠의 자식들』을 읽고 나는 마치 뒤통수를 세차게 얻어맞은 듯한 충격을 느꼈다. 고백하건대 그때까지만 해도 나는 엘리트주의적인 생각에 빠져 있었던 것 같다. 판사나 검사는 사회 정의를 지키는 중요한 인물들이고, 그 앞에 죄를 짓고 끌려오는 뒷골목 양아치나 건달들은 상대적으로 가치가 덜하다고 여겼을 게다. 『어둠의 자식들』은 나의 그러한 협소한 관점과 편견을 송두리째 뒤흔들어놓았다. 힘 있는 자들에게 늘 억눌리고 짓밟히는 하층민의 삶과 그들이 갖고 있는 사고방식을 이해하게 되었고, 그들의 관점으로 보면 오히려 검사가 사회악이 될 수도 있다는 것을 뼈저리게 깨닫지 않을 수 없었다.

『어둠의 자식들』을 계기로 나는 세상을 달리 보기 시작했다. 낮은 곳에서 고통받는 사람들과 함께 어울리고 또 이해하려는 태도와 사고방식을 갖게 된 것도 이때부터였다.

그 '어둠'에 빛이 들지 않는다면 법률을 지배자처럼 틀어쥔 판검사나 변호사는 대체 무엇을 하는 자들이란 말인가. 법과 그걸로 먹고살아가는 인간이 진짜 관심을 기울여야 하는 것은 바로 그 '어둠'이 아닌가. '어둠'을 먹이로 삼는 법조인이라면 한낱 승냥이나 식인종과 다를 게 없지 않을까.
 나는 책을 읽고, 아니 책에 타 올라서 다른 세계로 이동하고 있었다.

 정치를 하는 동안 나를 가장 괴롭혔던 것은 두 가지였다. 무엇보다 민심을 잘 읽어내지 못하고 정치인 뜻대로 정치를 하게 되지 않을까 하는 게 첫 번째 우려였다. 정치에서 정치인의 뜻이 너무 커지면 민심의 궤도에서 벗어나게 된다. 그건 흔히 일어나는 일이다. 초선 때는 그런 두려움이 숫제 없었다. 정치를 잘 몰랐기 때문이기도 하지만 늘 민생 현장에서 살고 있다는 스스로에 대한 믿음이 컸기 때문일 게다. 재선, 삼선을 거듭할수록 나는 민심을 읽어내고 민심 속에 있어야 하고 민심을 형성시켜내는 자리에 있어야 한다고 믿었고, 나름대로 그렇게 하려고 애를 썼다. 그럼에도 불구하고 직업 정치인이라는 것 자체가 모종의 힘을 갖고 있는 선별적이고 편향적 민심만 듣게 될 위험성이 있었다. 나는 그런 정치인이 되지 않으려고 최대한 현장에 가 있고자 했고 그들과 함께하고자 했다. 스스로 민심을 온전히 읽어내지 못한다고 생각했을 때는, 또 민심이 무엇인지 알면서도 그들을 온전히 대변하지 못한다고 생각했을 때는 흔히 국회의원 활동비라고 말하는 '세비'를 반납한 적도 있다. 이는 징계 받지 않은 국회의원

중에서 단 한 명뿐인 것으로 알고 있다. 민심이 무엇인지 알면서도 대변하지 못할 때가 가장 고통스럽다. 내가 민생 포차를 이끌었던 것도 그 때문이다.

두 번째로 두려웠던 것은 공부에 게으르지 않을까 하는 우려였다. 법률 말고는 실제로 쓸 만한 전문 지식을 갖고 있다고 생각하지도 않았다. 나는 이러한 나의 한계점을 극복하기 위해서 각계의 다양한 전문가들을 만났고 그들을 스승으로 모시고 공부에 게으르지 않고자 했다. 그들 중 몇몇 분들의 지적 수준에 놀라기도 했고, 그 깊이에 감동하기도 했으며, 그들이 현실적인 대안을 제시할 때에는 직업 정치인인 내 처지가 부끄럽기도 했다.

역사학자인 서중석 교수는 내게 다시금 역사의식이란 무엇인가를 깨우쳐주었다. 그는 나와 만나기 전에 먼저 책을 읽으라고 주문했고 나는 그 지시에 충실히 따르고 점잖게 앉아서 강의를 경청했다. 마치 독선생 앞에 앉은 학생처럼. 지금도 잊히지 않는 것은 이승만 정권의 학정과 그 과정에서 희생된 죽산 조봉암의 생애였다. 서중석 교수는 『죽산 조봉암 연구』를 책으로 출간하기도 한 학자였다. 조봉암은 이승만 정권에 의해 죄 없이 처형되었고 망우리에 있는 비석은 뒷면에 아무 내용도 새기지 않은 '백비'로 오래도록 남아 있었다. 죽산 조봉암의 비문을 새긴 것은 2011년도 재심을 통해 그가 무죄라는 것을 국가가 인정한 뒤였다. 죽산의 비극적인 삶을 되돌릴 수는 없지만 그가 세상을 떠난 지 51년 만에 명예라도 회복할 수 있었던 데에는 서중석 교수의 역할이 컸다. 서 교수는 학문이, 공부가, 연구가 세상을 바꾸는 데 어떻게 이바지할 수 있는지를 나에게 일깨워준 현대사 학자이다.

나를 이 세상에서 가장 먼 곳까지 데리고 간 사람은 역사학자인 정수일 교수다. 정 교수는 실크로드를 포함하여 동에서 서, 서에서 동, 남에서 북, 북에서 남, 산에서 바다, 바다에서 산으로 이어지는, 문자 그대로 환지구적인 인류 역사가 거미줄처럼 연결되어 있는 길을 나에게 보여주었다. 그는 이를 '망상(網狀)적 길'이라고 했다. 그물같이 짜인 길이라는 뜻이다. 정 교수의 강의를 들으면서 삶이나 역사가 어느 한순간도 멈춰 있지 않고 길 위에서 끝없이 움직이고 있다는 것을 실감할 수 있었다. 그의 삶 자체가 일제강점기와 분단과 한국과 중국과 동아시아를 아우르는 노정이기도 했다. 기왕에 정수일 교수가 쓴 『소걸음으로 천 리를 가다』를 추천하고자 한다. 이 책은 한 지식인의 독서 편력이기도 하지만 남다른 삶의 편력이 서사 화폭처럼 전개되는 보기 드문 고백이자 길을 위한 책이기도 하다.

생물학자 최재천 교수에게 들은 개미 이야기는 곤충 세계가 주는 놀라움뿐 아니라 그 사회성을 통해 인간 사회를 이해하게끔 하는 하나의 상징 체계와 만나는 일이기도 했다. 최 교수는 어쩌면 현실에 소용 닿지 않을 것 같은 생물학을 생태환경 운동과 연결하는 현실적이고 실천적인 학문 방향으로 한길을 걸어온 사람이다. 생태환경 파괴는 사람뿐 아니라 그 자체가 생물의 위기이기도 하다. 최재천에게 생물학은 실험실이나 비커 속에 있는 게 아니라 사회와 현실 속에 둥지를 틀고 있었다. 그를 통해서 나는 사회생물학 개념을 어렴풋이나마 알게 되었고, 인간 생활도 그러한 분석으로 가능하다는 것을 짐작케 되었다. 최재천 교수의 『개미 제국의 발견』을 기꺼이 추천한다.

경제학자 유종일 교수는 나에게 경제학 지식을 전해준 스승이다. 유 교수는 미국 민주당이 대자본에 대한 비판뿐 아니라 실제로 미국 경제 성장을 이끌어온 대안을 제시한 정당으로서 정치 권력을 획득하고 국가 또한 운영하고 있다는 것을 거듭 일깨워주었다. 경제학이든 정치학이든 사회학이든 현실을 비판하기는 쉽지만 대안을 세우기는 어렵다. 무엇보다 실질적인 성장을 이끌어내는 건 대단히 어려운 일이다. 나는 경제에서 위기관리 능력과 정책 집행에는 배짱이라고 해도 좋을 만큼 단호한 지혜가 필요하다는 것을 유종일 교수에게 배웠다. 그런 그에게 어떤 역대 정권도 경제 정책을 입안하거나 운영할 기회를 한 번도 주지 않았다.

나의 스승에는 장하성, 김상조, 전성인, 이해영, 이상이, 정진홍 같은 분들도 있다. 나와 동년배인 장하성은 참여연대를 통해 소액주주 운동을 전개하여 한국 사회에서 주식자본주의가 윤리적으로 자리 잡게 하는 데 가장 크게 기여한 경제학자다. 장하성의 경제학은 늘 현실적이었고 생활 문제와 연결되어 있었다. 그는 추상의 경제학을 현실의 주식이나 물가, 교통비 따위로 구체화해내는 경제학자다.

김상조는 거대 재벌인 삼성과 가장 오랫동안 싸워온 경제학자다. 그는 지금은 병실에 누워 있는 삼성 그룹 이건희 회장을 법정으로 불러내 면전에서 그의 잘못을 지적하고 문제를 고치도록 요구했던 유일한 사람이다. 그는 경제학이 숫자놀음에 그쳐서는 안 되고 현실 권력인 재벌에 관한 문제를 해결하지 않고는 한국 경제가 성장할 수 없다는 확고한 신념을 가진 사람이다. 지금도 그의 빠른 말과 바쁜 손짓이 생생하다.

전성인은 경제에 관해서는 어떤 설명을 하더라도 내용과 말에서 한 치의 군더더기도 찾아볼 수 없는 경제학자다. 미국 사모펀드 론스타가 한국 외환은행 인수와 관련해서 '먹튀 논쟁'이 일었을 때 그에 관한 문제점을 찾아내고 중심에서 싸웠다.

이해영은 경제 주권에 관해서 나를 일깨워준 정치학자다.

한미 FTA 협상에서 그가 지적한 문제점은 아주 정교한 것이었다. 그는 대한민국 국회에서 헌법 제60조에 나와 있는 '국가 조약체결 비준에 관한 동의' 문제를 지적하여 통상법을 규정토록 제안한 첫 번째 사람이다.

이상이는 복지운동가로, 보건과 복지에 관해서 정치인이 어떤 식견을 가져야 하는가를 내게 명료하게 제시해주었다. 그는 대학교수이면서 복지국가를 만들기 위한 시민사회 운동을 조직하고 실천해가는 단체의 대표이기도 했다. 복지는 가장 윤리적이고 효율적인 생산 기반이 될 수 있다는 것을 나는 그와 함께 한 공부를 통해 깨닫게 되었다. 건강한 몸도 국가 관리의 책임 아래 있다는 것을 그는 거듭해서 강조했다. 영국에서 처음 생긴 보건법은 애초에 약자를 위한 보건법이었다기보다는 자본주의 사회를 건강하게 지키기 위한 발상에서 비롯되었다. 노동자가 빈곤과 위생과 건강 문제에서 위기에 처할수록 사회 전체 생산력이 떨어진다고 하는 실질적인 현장 조사에 의해서 보건복지 개념이 출현했던 것이다.

종교학자 정진홍 교수는 단 한 번 만났지만 실로 겸허하고 온유하고 자애로운 성품을 지니고 있었다. 나는 먼저 정 교수가 쓴 『하늘과 순수와 상상』을 읽고 대화를 나눴다. 어떤 이념이나 사상도 그 형성 과정에서 제도화, 세속화된 권위가 개입하여 배타적 도그마가 되기 쉽다는 것을 그날 배울 수 있었다. 정치든 사회나 종교 영역이든 지도자가 올바른 길을 가려면 자기만 옳다고 믿고 타인의 생각을 부정하는 태도를 경계하고 끊임없이 자기 성찰을 거듭해야 한다. 그 또한 정진홍 교수를 통해 배웠음은 물론이다.

이들은 모두 나의 스승이다. 나는 그들 앞에서 학생이 되어 공부의 즐거움, 공부하는 자의 즐거움, 공부의 쓸모를 두루 얻을 수 있었다.

이들 중 지금 당장 함께 일을 하라고 한다면 나는 정진홍 교수와 유종일 교수를 꼽고 싶다. 정진홍 교수는 사려 깊은 지혜를 가진 지식인이고, 유종일 교수는 현실감각에 기초한 빠른 판단력과 용기를 지녔다.

함께 배우고 공부할 수 있는 사람들을 나이 들어서도 꾸준히 만나온 것은 내 인생의 큰 보람이었다. 공부는 당장의 열매를 거두지는 못할지 몰라도 지혜와 용기를 준다는 점에서 정치인에게 꼭 필요하다고 생각한다. 정치인의 일상생활 중 많은 부분은 사람과 만나는 일로 이루어진다. 관계망 형성과 관리에만 몰입하다 보면 자칫 그저 속류화된 정치인이 되기 쉽다. 여러 부문에서 많은 사람들과 관계를 맺되 정치인은 한 걸음 또는 반걸음 정도 앞서서 세상을 내다봐야 한다. 미래에 대한 전망은 한 걸음 앞서야 하고 현실에서는 반걸음 앞서는 것, 이것이 정치인이 공부와 현실을 연결 짓는 길이다. 나는 그렇게 믿는다.

공부를 통해서 나의 노선은 더욱 단련되었다. 공부는 내가 항해할 방향을 잃어버리지 않도록 일러주었고, 때로 흐트러진 노선을 정돈해주기도 했다. 그러므로 공부는 항해법과 같은 것이고 올바른 노선을 잡아주는 길라잡이와 같다.

가장 긴 전화 통화
―강정구 교수 사건 수사 지휘권 전후

그날은 2005년 10월, 내가 법무부장관으로 첫 국정감사를 치른 다음 날이었다. 아침 9시 무렵 평소보다 조금 늦게 집을 나섰다. 서늘한 바람이 몸에 감겨왔다. 전날 저녁 늦게까지 국정감사를 받았던 터라 채 가시지 않은 옅은 피로감을 느끼며 차에 올랐다. 10시부터 국회에서 열리는 정부의 시정연설에 참석할 예정이었다. 여의도로 출발한 지 얼마 되지 않아 다급한 전화가 걸려왔다. 김종빈 검찰총장이었다. 이른 아침에 그가 직접 연락해오는 건 법무부장관 취임 이후로 처음 있는 일이었다. 검찰총장과의 통화가 여의도로 가는 차 안에서 40여 분 내내 이어졌고 국회의사당에 도착해서도 끝날 줄 몰랐다. 대개 나는 전화 통화는 용건만 간단히 하는 편인데 그

날은 그렇게 되질 않았다.

통화의 요지는 실상 간단했다. 동국대학교 강정구 교수의 사건을 구속 지휘해야겠다는 것이었다. 강 교수는 인터넷에 '6·25 전쟁은 통일 전쟁'이라는 취지의 글을 올린 것이 문제가 되어 국가보안법 위반 혐의로 수사를 받고 있었다. 며칠 전 청와대 민정수석을 포함해 3인이 만나 업무 협의를 하는 자리에서 그 사건은 경찰이 불구속 수사하는 것으로 정리됐는데 돌연 구속 지휘를 하겠다는 것이었다.

김 총장은 그 까닭에 대해 장황하게 설명했다. 경찰이 불구속 품신을 할 줄 알았는데 예상과 달리 구속 품신한 마당에 검찰이 불구속 지휘를 하면 검찰에 대한 보수 세력의 평가가 나빠진다는 것이었다. 당시 검경수사권 조정이 뜨거운 화두였는데 여당이든 야당이든 경찰 편을 들고 있었다. 경찰이 보수 세력을 의식해서 구속 품신을 한 것으로 보이는데 이런 상황에서 강정구 교수를 불구속한다면 검찰이 한나라당이나 보수 세력에게 밉보여서 검경수사권 조정에서 불리하다는 우려였다. 한마디로 말해 검찰의 기득권 유지 때문에 그런 상황이 벌어졌던 것이다. 나는 사건만 놓고 판단해서 불구속해야 한다는 생각이었다. 서로 의견 차이가 명백하다 보니 한쪽으로 결론이 날 수 없었다. 마침 국회 본관 로텐더홀에 도착하여 그만 전화를 끊으려고 하는데 검찰총장의 고충이 다시 이어졌다. 나는 안으로 들어가지 못한 채 로텐더홀 앞에서 한참을 더 길게 통화를 해야 했다. 아마도 30분 이상 시간이 흘렀을 게다. 나는 대화를 마무리 짓고자 했다.

"뭘 그렇게 걱정하십니까. 그건 구속 사안도 아닌데 법대로 하면 되지 복잡하게 생각할 것 없습니다. 총장께서 처지가 곤란하면 제가 수사 지휘서 한 장 보내겠습니다."

긴 전화 통화는 그렇게 일단락되었다.

정부 시정연설이 끝난 뒤 나는 임진각에서 열린 행사에 참석한 뒤 오후에 법무부장관실에 도착하자마자 간부들을 부르고 상황을 설명했다. 검찰에는 강정구 사건의 구속 여부 사안에 대해 정식으로 보고하도록 요청했다. 수사를 지휘하는 주체는 서울중앙지검 검사였다. 담당 검사가 작성한 보고서에는 강정구 사건의 수사 경위 등이 적혀 있고, 끝부분에 구속과 불구속에 대한 의견이 1안, 2안 두 가지로 붙어 있었다. 서울중앙지검장에게 결재를 올리는 형태로 만든 보고 문건인 듯했다.

보고서에 적힌 1안의 구속 이유는 이러했다. '강정구 사건은 국가보안법 위반 사항으로 국민 감정이 좋지 않고, 과거에도 국가보안법 사범들에게 엄벌을 내린 바 있으며, 검찰은 이들을 엄격하게 수사하겠다는 의지를 보여주기 위해서도 구속

해야 마땅하다.' 2안인 불구속 이유는 '형사소송법에 따르면 주거가 일정치 않거나 도주나 증거인멸의 우려가 있을 때 예외적으로 구속하게 되어 있다. 강정구는 그 범죄 사실이 인터넷에 올린 글이기 때문에 증거인멸 우려가 없고 대학교수로 주거가 확실하고 경찰 수사 과정에서 순순히 소환에 응했던바, 도주 및 증거인멸의 우려가 없기 때문에 불구속해야 한다'는 것이었다. 어느 것이 법률이고 어느 것이 정치인가. 당연히 후자가 법률이었다.

당시 구속 수사율은 2.7%로 불구속 수사 원칙은 굉장히 빨리 안착되고 있었다. 그런데 이 원칙이 이른바 '공안' 분야에는 적용되지 않고 있었다. 법치주의 원칙이 특정 정치적 소수자들에게는 적용되지 않고 이념적 대립의 희생물로 남아 있는 것이 분명했다. 나는 이 문제를 전면 제기할 때가 되었다고 판단했다.

오후 5시. 나는 담당 과장에게 지휘 문서와 문안 내용을 불러주어 작성하게 했다. '헌법상 신체 자유의 보장, 형소법의 구속 최소화 등을 지적하고, 이 정신이 공안 사건에도 똑같이 적용되어야 하며 여론 등의 영향을 받아서도 안 된다. 검찰은 인권 옹호 책무가 있고, 강정구 교수의 경우에 구속 요건을 충족했다고 보기 어려우므로 불구속 수사해야 한다'는 취지였다. 수사 지휘서는 곧바로 검찰에 전달되었다.

오후 6시. 법무부장관의 지휘 사실이 보도자료로 발표되었다. 사상 초유의 명시적 지휘권 행사였다. 기자들의 문의가 빗발치고 정당의 논평이 이어졌다. 한나라당은 장관직 사퇴를 주장했다. 모두 예상했던 일이었다.

다음 날에도 상황은 긴급하게 돌아갔다. 대검 간부회의가 열렸고, 곧이어 검찰 공보관이 공식 입장을 발표했다. '검찰의 정치적 중립을 훼손할 우려가 있어 유감'이라고 했다. 사법기관이 하는 일을 정치인 장관이 나서서 부당하게 지휘해서 검찰의 독립성을 해치고 있다고 비난한 것이다. 도대체 어느 쪽이 정치적이란 말인가. 더군다나 그들의 정치적 행위는 아직 끝난 게 아니었다.

오후 6시가 넘어서 퇴근을 하려는데 임채진 검찰국장이 장관실로 헐레벌떡 달려왔다. 그는 노란 봉투를 손에 들고 얼굴이 새하얗게 질려 있었다.

"큰일 났습니다. 검찰총장이 사직서를 보내왔습니다."

조금 전 공보관 발표에도 그런 말은 없었는데 이게 무슨 일인가 싶어 조금 당혹스러웠다. 우선 검찰총장의 인사권자인 대통령에게 보고해야겠다는 생각이 들었다. 청와대로 전화를 걸어 문제인 민정수석에게 상황을 설명하고 '슬그머니 비공개로 보내온 거로 봐서는 총장이 사퇴 의사가 강한 것 같진 않다. 재신임을 물어달라는 정도 아니겠느냐. 반려시키는 게 좋겠다'고 의견을 덧붙였다. 문 수석도 동조했던 걸로 기억한다.

 지방 출장 중에 문재인 수석에게 전화로 보고를 받은 노무현 대통령의 판단은 전혀 달랐다. "총장이 자기 멋대로 사표를 냈는데 우리가 그걸 반려하는 건 합당하지 않다. 총장직 하기 싫으면 진짜로 사직서를 내고, 안 낼 거면 자기가 직접 찾아가라고 하시오"라고 했다는 것이다. 과연 노무현 대통령다운 말이었다. 나는 하는 수 없이 사직서를 내고 경기도 시골 어딘가에 가 있던 검찰총장에게 전화해서 대통령의 뜻을 그대로 전달했다. 자진 철회는 없었고 결국 그대로 사표가 수리되었다.

 그 일이 있은 지 얼마 지나지 않아 청와대에 들어갈 일이 있었다. 노무현 대통령에게 "매끄럽게 해결하지 못하고 심려 끼쳤습니다"라고 했더니 그는 호탕하게 큰 소리로 말했다.

 "강정구 교수가 무슨 대통령 조카여서 불구속 수사 지휘했는가? 걱정하지 말고 밀고 나가시오!"

 장관의 지휘가 사적 동기에서 발생했다면 권력 남용이지만 대한민국의 구속 제도를 인권과 법치주의 원칙에 맞게 하라는 명령은 정당하다는 뜻이었다.

 강정구 불구속 지휘 사건 후폭풍은 거셌다. 보수 언론과 국회는 각종 비난으로 나를 압박하고 공격했다. 고백하건대 지금까지 그 일을 후회해본 적은 한 번도 없다. 법과 인권의 원칙에 맞게 했던 것일 뿐이다. 내 정치적 안위를 위해 원칙에서 벗어나는 일을 모른 척할 수는 없었다.

  강정구 교수는 집행유예 선고를 받았다. 애초에 실형을 살 사건이 아니었다. 구속 제도는 그 사람이 어떤 형량을 선고받을지까지를 충분히 고려해야 한다. 집행유예 선고가 분명한 사람을 구속하는 일은 국가가 부당하게 국민 구성원인 개인의 삶과 명예와 경제 활동을 두루 짓누르는 일이 될 수 있다. 강정구 교수에게 재판부가 집행유예를 선고한 것을 보더라도 구속 수사는 마땅한 방향이 아니었던 것이다.

  어떤 사람들은 법무부장관인 내가 강정구 교수가 기지고 있는 '사상'에 동조라도 한 것인 양 간주하기도 했지만 이는 얼토당토않은 오해일 뿐 아니라 부당한 색깔론에 지나지 않는다. 굳이 밝히자면 나는 강 교수의 견해에 동의하지 않았다. 하지만 그때나 지금이나 대한민국 국민이라면 그가 누구든 헌법에 명시된 대로 인권과 법치주의 원칙이 온전히 적용되어야 한다는 데에는 절대적으로 동의한다.

내 수염이 가르쳐준 것들
—한미 FTA 단식 안팎

 나는 법무부장관직에서 떠난 뒤 25일 동안 한미 FTA 졸속 타결에 반대하는 단식 농성을 했다. 우리나라 사법 주권을 침해할 수 있는 투자자-국가소송 제도(ISD) 조항에 대해 반대하고 이를 알리기 위해서였다. 투자자-국가소송 제도는 미국 투자자는 물론이고 투기꾼에게까지 입법, 사법, 행정 전반에 걸쳐 국권을 내줄 위험성이 내포되어 있었다. 우리 정부의 공공정책권이 심하게 제약당해 서민을 위한 양극화 해소나 복지 정책 등도 우리 정부의 뜻대로 추진하기 어렵게 할 요소가 들어 있었다.
 FTA는 자유무역협정이라는 뜻이다. 자유란 쌍방이 자유일 때에만 자유이다. 어느 일방의 자유만 있다면 그것은 결코 자유일 수 없다.

나는 2006년 7월 21일 법무부장관으로 참여한 한미 FTA 관련 회의에서 ISD의 심각성을 국무위원 최초로 지적했다. 노무현 대통령은 '법무부장관이 제기한 문제에 대해 경제부총리 책임하에 관계 부처가 두루 참여하는 대책반을 만들어 잘 대처하라'고 지시했다. 문제는 이런 내용이 최종 협상 타결 시점까지 수정될 기미가 보이지 않았다는 데 있다.

ISD와 더불어 한미 FTA 체결 항목에 들어 있는 불가역적인 조항인 래칫 조항도 문제였다. 래칫(ratchet)이란 한쪽 방향으로만 회전하게 되어 있는 톱니바퀴를 뜻한다. 한국과 미국의 국가 위상으로 보았을 때, 설령 내용이 한쪽으로 기울어져 있다고 하더라도 한 번 체결된 조약을 되돌리기는 결코 쉽지 않은 일이다. SOFA(주한미군 주둔군지위협정) 등 여러 사례를 통해서도 나는 이와 비슷한 문제점을 익히 알고 있었다. 한국과 미국이 모두 인정하고 있듯 전시작전권 회수는 시기 여부를 떠나서 주권 국가의 당연한 권리다. 무역이라고 해서 주권 국가의 권리가 침해받거나 위축되어서는 안 된다는 게 나의 생각이었다.

나는 이러한 문제에 대해 법무부에서 여러 전문가와 함께 숙의했고, 래칫 조항의 위험성을 어떻게 극복할 수 있을지 대안 방안을 모색해보기도 했다. 래칫 조항은 낚시에 붙어 있는 미늘과 같은 것이었다. 물고기는 단지 낚시에 꿰이는 게 아니라 미늘에 걸려 낚시에서 빠져나올 수 없게 되는 것이다.

나는 여러 경로로 전문가들에게 견해를 구하고, 또 정부에 의견을 개진했다. 단식을 하게 된 진짜 이유도 ISD나 래칫 조항의 위험성에 대해 국민적 공감대를 얻기 위한 도전이었다. 단식이란 사회적 언행이 어떤 한계에 부딪혔을 때 극도의 자기 절제를 통해 의사를 피력하는 행위다.

나는 부잣집에서 성장하진 않았지만 아주 가난하지도 않아서 여러 날 굶어본 적은 없었다. 솔직히 말해 여러 날 음식을 스스로 먹지 않는다는 행위는 내게 막연한 추상에 가까웠다.

단식을 시작한 날은 2007년 3월 26일이었다. 나는 국회 본관 앞에 천막을 치고 단식 농성을 시작했다. 천막 안에는 단식할 때 필요한 물, 소금, 이부자리 같은 것들이 마련되어 있었다. 단식은 25일간 계속되었다. 그동안에는 수염도 깎지 못했다.

같은 날 김근태 의원도 한미 FTA 체결 문제점을 지적하면서 국회 본관 로텐더홀에서 단식을 시작했다. 우리 두 사람은 서로 의논한 바 없었는데 우연하게도 동시에 단식을 결심했던 것이다. 김근태 의원은 가혹한 고문 후유증으로 건강한 상태가 아니었다. 그럼에도 불구하고 단식을 감행했다. 나는 인간 김근태의 자기 헌신에 눈물을 흘리지 않을 수 없었다. 장구한 민주화 운동 과정에서 겪은 고난과 고문으로 병든 몸이었지만 세상을 향해 기꺼이 몸을 던지는 그의 자세에 부끄러움과 송구스러움이 몰려왔다. 김근태 의원은 의식을 잃듯이 몇 번씩이나 쓰러지더니 결국 단식 이레 만에 병원으로 실려 갔다. 나는 김근태 의원의 몫까지 감당해야 한다고 생각하면서 쓰러지지 않기 위해 이를 악물었다.

  평소에 나는 잠을 잘 자는 편이다. 일이 끝나 자리에 누우면 곧 잠이 들었고, 대개는 새벽에 일찍 일어났다. 그런데 단식을 하느라 밥을 먹지 않으니 시간이 흐르는 것을 내 몸이 잘 알아차리지 못했다. 아침을 먹지 않으니 해가 떠도 몸은 아침인 줄 알지 못했고, 점심 또한 마찬가지였다. 저녁이라고 다르지 않았다. 단식을 하면 생체학적 시계가 몸에서 사라져 잠도 불시에 오고 불시에 깨곤 했다. 잠을 잔다고 할 수도 없었고, 아니랄 수도 없었다. 숙면은 아예 없었다. 국회 본관 앞은 동쪽을 바라보고 있어서 늘 아침이 일찍 왔고, 낮 동안에는 내내 눈이 부셨다. 나는 며칠이 지났는지 달력을 보고서야 알았지만 내 턱수염을 쓸어보면서도 알 수 있었다. 달력이 하늘 움직임을 시간으로 기록한 것이라면 밥을 굶는 동안 나의 생체 시계는 수염이었다. 수염을 쓸어보면서 나는 며칠이 지났는지 알 수 있을 정도가 되었다.

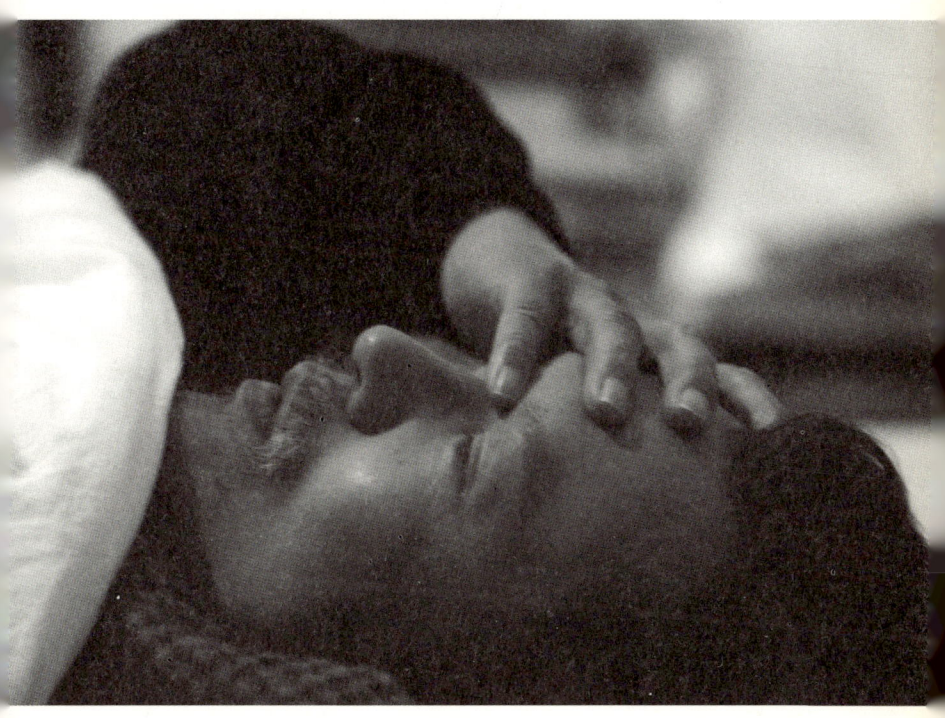

한미 FTA 졸속 타결에 반대한 단식 농성 24일째.

많은 사람들이 찾아왔는데 대부분은 단식을 말리고자 하는 뜻이었다. 김대중 정부에서 농림수산부장관을 지낸 김성훈 교수는 구급차까지 끌고 와서 나를 병원으로 데려가고자 했다. 의사인 큰 처남과 친구, 국회 상주 의사 등 대여섯 명이 걸핏하면 찾아와서 내 피를 뽑아 갔다. 최고 혈압이 100 이하로 떨어지면 자각 증상 없이 순간적으로 장기가 파괴될 수 있다는 말을 들었는데 나는 이상하게도 겁이 나거나 하질 않았다. 몸과 마음이 부실했는지 스무 날이 지나기도 전에 혈압이 100 밑으로 떨어졌다. 그 후로는 몸을 일으키는 일조차 힘겨워 누가 찾아와도 누운 채로 맞아야 했다. 천막 사이로 올려다본 하늘은 무심히도 푸르렀다. 나는 여위고 초라해져갔다. 스스로 단식을 통해 정치적, 사회적 효과를 거뒀다는 생각이 들지도 않았다. 적어도 그때는 그랬다.

내가 단식을 한 것은 2007년이었다. 그때는 나의 단식이 사회적 의미를 이끌어내지 못했다고 판단했다. 하지만 한국인은 위대했다. 이듬해 2008년 봄, 한국인은 한미 FTA 체결에 관한 주권 국가로서의 위상과 내용을 갖출 것을 강력하게 요구하면서 광장으로 쏟아져 나왔다. 바로 2008년 광우병 반대 촛불집회였다. 오늘날 촛불집회의 기원은 한미 FTA 투쟁 과정에서 대중적으로 형성되었다. 거의 하루도 빼놓지 않고 100

일이 넘도록 한국인들은 한미 FTA 4대 선결 과제 중 하나였던 미국산 쇠고기 의무 수입에 대해 거대한 저항을 일으켰다. 이는 광우병 자체에 대한 문제도 중요했지만 한국인이 자기 식탁의 문제를 자기가 결정하겠다고 하는 숭고한 의식의 발로였다. 그럼에도 불구하고 두 독소 조항은 여전히 유지되고 있는 실정이다.

근래 자유무역협정에서 ISD는 전반적으로 폐기되는 흐름이다. 유럽 법원은 EU 회원국 간에 BIT(투자보장협정)를 불법으로 판결했고 ISD를 가장 적극적으로 강제해왔던 미국도 NAFTA(북미자유무역협정)를 개정하는 과정에서 캐나다와의 사이에서 ISD를 완전히 폐기했다. 이는 FTA 조약 체결에서 래칫 조항이나 ISD가 강자의 횡포에 가깝다는 것을 인정한다는 취지였다. 먹튀 논란이 장기간 일어났던 미국 사모펀드 론스타는 외환은행 인수합병 과정에서 국제투자분쟁해결센터(ICSID)에 제소하여 ISD 조항을 활용했다. 그동안 한국 정부가 ISD 조항으로 피해를 본 것은 10건에 달한다. 그에 따른 청구액은 12조 원이다. 내가 반대했던 것은 한국과 미국의 조약 체결이 아니라 이러한 두 독소 조항, 곧 ISD와 래칫 조항이었다.

노무현 대통령은 "민주주의의 최후의 보루는 깨어 있는 시민의 조직된 힘이다"고 말했다. 2008년 촛불 집회를 보면서 나는 민주주의란 대중이 광장에서 모두 함께 득도하는 일이라고 감동적으로 깨달았다. 그 광경 속에서, 그 대중 속에서, 그 열기 속에서 비로소 나는 나의 단식에 대해 보상받고 있음을 느꼈다. 대중이 걸어간 촛불 행진이야말로 대중 노선이었고, 대중이 제시한 길이었고, 나의 노선이었다. 나는 그 거대하게 움직이는 촛불 행진 속에 서서 절로 턱수염을 쓸어보면서 웃음 지었다.

민생 속을 달리는 포장마차

 2009년 7월 24일, 나는 국회의원직 사퇴서를 제출했다. 2007년 대선, 2008년 총선 패배 이후 18대 국회는 차라리 없느니만 못했다. 이명박 정권의 언론 악법 날치기, 예산안 3년 연속 날치기, 4대강 사업 강행, 한미 FTA까지 모조리 날치기와 독단으로 국회는 파행의 연속이었다. 나는 이런 18대 국회에 대해 쓰라린 무력감을 느꼈다. 야당이었던 민주당은 정부와 한나라당의 폭거에 맞서 제대로 싸우지 못했다. 의원직을 총사퇴하느니 마느니 하다가 결국 날치기를 당하면서 투쟁력을 상실하고 주저앉아야 했다.
 언론 악법을 날치기 당하던 날, 태양이 달을 가리는 개기일식이 있었다. 그야말로 이명박 한나라당 세력의 독점과 탐욕

이 국민의 자유를 집어삼키고, 진실과 정의를 가리는 어둠을 불러오는 형국이었다. MB언론악법저지 특별위원장을 맡고 있었던 나는 당의 중진으로서 어떻게든 책임을 져야 한다고 생각했다. 정권에 의해 국회와 야당의 존재가 깡그리 무시된 마당에 18대 국회에서 더 무엇을 할 수 있을까 하는 자괴감마저 들었다. 결국 나는 국회의원직을 사퇴했다.

  나의 사퇴는 일종의 '정치적 자유 투표 행위'였다. 당론을 넘어서는 자유 투표의 명분과 이유가 있었다. 이것 또한 나를 뽑아준 민의에 부응하는 일이지 않을까 하는 생각도 들었다. 이 시기에 국회의원 세비 1억 2,300여만 원을 받지 않은 일이 훗날 언론에 알려져 한동안 화제가 되기도 했다. 이듬해에 의원직에 복귀했기 때문에 법적으로는 세비를 받을 수 있는 상황이었다. 하지만 나는 스스로 사퇴를 선언했고, 국회 활동을 제대로 하지 않은 터에 세비를 받을 수는 없었다. 세비 수령을 거부한 지 2년이 지나면 국고로 환수된다. 국회 사무처는 사퇴 선언 기간의 세비 1억 2,300여만 원을 받으라고 공문을 보내왔다. 나는 다시 거부했다. '세비를 받아 좋은 일에 기부하면 어떻겠느냐'는 말들도 했지만 나는 따르지 않았다. 기부도 스스로 떳떳한 돈으로 해야 좋은 뜻이 살 수 있다는 게 내 생각이다.

국회 밖으로 나온 나는 여러 형태의 장외 활동과 투쟁을 이어갔다. 야당과 시민 단체들과 함께 '언론 악법 원천무효 언론장악 저지 100일 행동'을 만들고 8월 초부터 명동에서 서명 운동을 시작했다. 광화문 광장이나 헌법재판소, 대검찰청 앞에서 1인 시위를 하기도 했다. 푯말을 든 채 바쁘게 오가는 행인들을 바라보면서 나는 내가 가야 할 길에 대해 스스로 묻고 있었다.

정치는 그 시작과 끝이 다 주권자인 국민에게 달려 있다. 국민이 무엇을 원하는지 알지 못하는 정치는 한낱 자기 권력일 뿐이다. 나는 위임 받은 권력을 내려놓아야 길이 더 선명하게 보일 것이라 확신하고 거리로 나갔다. 트럭 뒤에 포장마차를 싣고 전국 팔도 곳곳 민생 속으로 걸음을 떼어놓았다. 민생 포차였다.

9월 13일 명동성당 들머리에서 발대식을 하고 나는 포장마차 주인이 되었다. 국회의원직을 사퇴한 지 50여일쯤 지난 날이었다. 개업행사 음식으로 비빔밥을 만들었다. 뜨끈한 밥에 일곱 가지 나물과 고추장, 참기름을 넣고 계란프라이를 얹었다. 순식간에 2백 그릇의 비빔밥이 뚝딱 없어졌다. 나는 그 비빔밥에 '민생, 민주, 민족 통합 비빔밥'이라는 이름을 붙였다. 서로 다른 맛을 내는 재료들이 한데 섞여 오묘한 조화를 이루고 맛을 내는 비빔밥처럼 민생도 민주주의도 민족 화합도 우리가 서로를 배려하고 함께 공존할 때 비로소 발전할 수 있는 것이다.

발대식이 끝나자 바로 용산참사 현장으로 민생 포차를 끌고 갔다. 유가족들에게 밥을 지어드리고자 했다. 유족 중에는 나이 어린 학생들이 상당히 많았다. 아버지의 장례를 치르지 못해 수능시험이 가까워지고 있는데도 공부를 하지 못하는 입시생도 있었다. 우리는 한 상에 둘러앉아 함께 밥을 먹었다. 그날 나는 처음으로 밥을 지었다. 밥을 지어보지 않았다는 게 아니다. 밥은 나눌 때 하늘이 된다. 하늘 같은 밥을 모시던 그날의 따뜻한 슬픔이 지금도 가슴에 온기로 남아 있다.

서울을 떠나 포차를 끌고 도착한 곳은 삼남대로 분기점인 천안이었다. 트럭에 싣고 온 붉은 포장을 꺼내서 치고 천안역 동부광장 노점상들 곁에 자리를 잡았다. 전국 17개 도시를 17일간 순회하는 노정의 시작이었다. 대전, 전주, 광주, 하동, 옥천, 목포, 신안, 여수, 사천, 부산, 울산, 대구, 속초, 춘천, 인천, 안산을 거쳐 10월 1일 발대식을 했던 명동으로 다시 돌아오고자 했다. 단식 후유증이 채 회복되지 않은 탓에 무리한 일정을 만류하는 이들이 여럿이었다. 고통받고 소외된 사람들, 낮은 곳에 사는 보통 사람들과 함께하고 그들에게 배우기로 한 이상 길을 늦추고 싶지 않았다.

첫 포차는 저녁 6시에 문을 열었다. 보슬비가 내렸다. 고맙게도 열 개 테이블은 빈자리 없이 곧 들어찼다. 나는 '민생포장마차'라고 써 붙인 리어카 뒤에서 앞치마를 두르고 서툰 솜씨로 부추전을 부치고 주문을 받았다.

포장마차를 운영하면서 못내 어렵고 난감했던 건 판매하고 나눌 음식 메뉴를 정하는 일이었다. 장을 보러 가면 절로 내가 좋아하는 식재료에 손이 갔다. 대개는 잘 팔리지도 않을뿐더러 손이 많이 가는 음식들이었다. 주인 입맛에 맞는다고 손님 입맛에도 맞을 수는 없었다. 손님 입맛을 알고 충실해야 그 포차나 식당은 살아남는다. 정치라고 다를 것은 없었다. 내가 첫 포장마차를 펼친 천안에서는 소주가 잘 팔리지 않았다. 지역 사람들 입맛에 맞는 지역 소주가 없었기 때문이다. 맛은 생각보다 사회적인 것이었다.

날을 거듭하면서 나는 포장마차를 운영하는 요령을 익히게 되었고 자연스럽게 손님도 늘었다. 준비한 음식을 대접하고 함께 둘러앉아 막걸리를 마실 때의 일들이 어제 일 같다. 서로 관계가 익으면 '즉석 민심 토크'를 열어서 허심탄회하게 대화하는 시간을 갖기도 했다. 매일 밤 주권자들의 쓰고 날카로운 목소리가 쏟아졌다. 가는 곳마다 나는 정권 재창출에 실패하고 언론 악법을 막아내지 못한 것을 사죄해야 했다.

지금 하고 있는 내 생각과 행동에는 그때 만난 사람들이 흔들어 깨워준 각성이 깊이 스며 있다. 17일 동안 나의 포장마차를 찾아온 사람들은 5천여 명 남짓 된다. 천안에서 만난 50대 목수, 취업과 장래에 걱정이 많은 전남대 학생, 삼성반도체 근무 중 백혈병에 걸려 숨진 황유미 씨의 아버지 등은 모두 그때 만난 사람들이다. 20년 동안 하루도 쉬지 못하고 일했다는 목수가 목놓아 외치던 말을 어찌 잊겠는가. 그는 울부짖었다.

"쇼라도 좋다. 위장이라도 좋다. 장기 집권을 위해 술수를 부리는 것이라도 좋다. 지금 내가 당하는 고통을 알아달라."

나는 고개를 숙이고 말없이 그의 어깨를 감싸줄 뿐이었다.

대전역에서는 한 일용직 노동자를 만났다.

"인력시장에 나가면 새벽 4시부터 아침 7시까지 기다려도 일자리를 찾지 못하는 사람들이 널려 있어요. 실업 수당을 받으려 해도 한 직장에서 180일을 일해야 하는데 20일 채우기도 어렵죠."

그는 말을 다 잇지 못하고 그만 눈물을 쏟았다. 그를 끌어안고 나도 울었다. 민생 포차가 아니었으면 만나지 못했을 분들이었다. 정치란 힘 있고 돈 있는 사람들이 아니라 이런 사람들의 눈물을 닦아주는 것이라야 한다. 고통받는 사람들 편에 서지 못한다면 정치란 권력 놀음일 따름이다. 민생(民生)

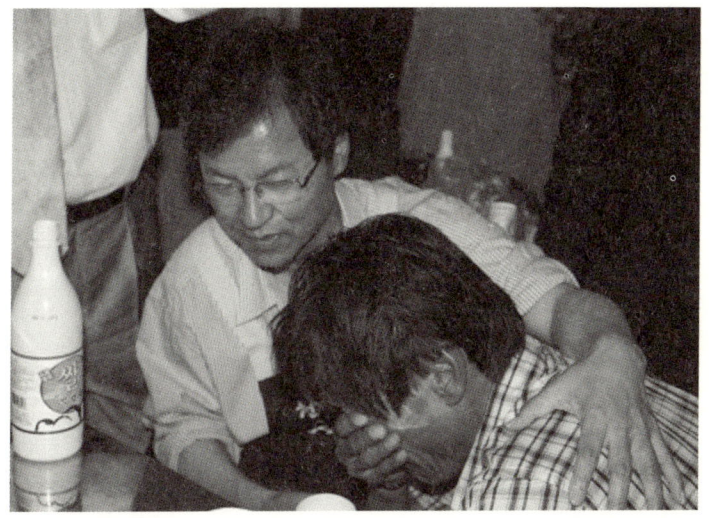

나는 민생 포차에서, 20년 동안 하루도 쉬지 못하고 일한 목수의 눈물을 보았다. 정치란 힘 있고 돈 있는 사람들이 아니라 이런 분들의 눈물을 닦아주는 것이라야 한다.

이 곧 국생(國生)인 까닭이다.

　정치는 밥상이다. 잘 만든 음식을 국민에게 대접한다는 심정으로 포장마차를 끌었다. 그리고 같은 자세로 국민을 대접하리라 다짐했다.
　국민 누구나 즐겨 먹는 떡볶이 같은 정치, 날마다 먹어도 결코 물리지 않는 쌀밥 같은 정치가 어려운 일만은 아니다. 민생 포차는 민생 정치를 위한 다시없는 공부였다.
　그날 이후 나의 노선은 그 민생 사이로 뻗어 있다.

저항과 민주주의의 뿌리
—이것이 호남 정신이다

남도는 나의 고향이다. 여기서 남도란 단지 지역만을 말하는 게 아니다. 또 고향이란 나의 출생지만을 뜻하는 것도 아니다. 남도가 남쪽에 있다는 뜻도 아니다. 내가 말하는 남도는 기본적으로 저항을 품고 있다. 또 고향은 내게 역사적, 사회적, 정치적 뿌리가 박혀 있다는 것을 뜻한다. 그리하여 나의 고향은 남도다.

내가 어렸을 때부터 어른이 될 때까지 늘 혜택을 받고 살아왔다는 사실을 부인하지는 못하겠다. 그 혜택의 대부분은 시험 성적에서 비롯된 것이었다. 나는 초중고, 대학에서 일등을 했고 사법연수원에서도 우수한 성적을 냈다. 첫 직장은 김&장 법률사무소였고, 인권변호사를 했으며, 안산에서만 내리 4번이나 국회의원을 했다. 그때도 나의 고향은 남도였다. 정확하게 말해, 이때 내 고향이 남도라 함은 출생하고 성장한 곳을 뜻한다고 보는 것이 옳다.

같은 고향 출신의 수많은 사람들이 지역 차별을 당한다고 자주 하소연했지만, 솔직히 나는 그걸 별로 실감하지 못한 채 성장했다. 세상이 나를 차별하거나 함부로 대하지 않았기 때문이었을 게다. 큰 틀에서 박정희 쿠데타 이후에 김대중과의 1971년 대통령 선거에서 본격화된 지역 감정, 호남의 저개발, 인재 등용 제외, 호남 경제인에 대한 탄압, 일상에서의 호남 차별 따위가 있다는 것은 익히 잘 알고 있었다. 그러나 그런 차별들이 삶을 방해하거나 직접 억압하거나 한 경험이 내게는 거의 없었다.

민주 정부가 수립되면 합리적이고 공정한 사회가 될 것이고, 그에 따라 나는 그런 문제들이 자연스럽게 해소될 것이라고 막연하게 낙관하고 있었다. 민주주의라는 가치 체계가 어떤 것보다 윤리적이고 이성적이고 합리적이기 때문에 불합리하고 부당한 것들이 정치적 노력이나 제도 개선을 통해 점진적으로 좋아지리라 믿었다. 이 말이 틀렸다고 할 수는 없다. 하지만 민주 정부가 수립되었다고 해서 저절로 해결되는 건 결코 아니었다.

2012년, 나는 서울 송파구에서 출마하여 낙선했다. 내 인생에서 맛본 가장 큰 좌절이었다. 나는 국민학교에 들어간 이래로 처음으로 아무런 소속감이 없는 사람이 되어 있었다. 좋게 말하면 자유인이었지만 나는 현역 정치인도 아니었고, 변호사도 아니었고, 그저 낙선자일 뿐이었다.

이전에도 숱하게 귀향했지만, 낙선한 이후의 귀향은 나에게 남도를 다시 보라고 요구하고 있었다. 고백컨대 그건 놀라운 일이었다. 이전에 미처 생생하게 깨닫지 못했던 많은 것들을 나는 새롭게 체득하기에 이르렀다. 나의 쓰디쓴 좌절을 통해 비로소 고향 사람들이 말하는 차별, 혹은 냉대, 혹은 소외 같은 것들을 비로소 온전히 체감할 수 있었다.

가장 먼저 발길이 닿은 곳은 함평 고막원이었다. 거기에는 영산강으로 흘러드는, 지금은 작은 물줄기가 된 고막천이 있다. 냇물 위에는 고막천 석교라는 오래된 돌다리가 걸려 있다. 고려 원종 때 만들었다니 대략 7백 년이 넘은 다리라고들 한다. 내가 거기에 간 데에는 까닭이 있었다.

갑오동학혁명 때 남도 농민군들은 일본과 관군, 또 민보군의 총칼에 밀려서 이 다리를 건너지 못하고 수많은 사람들이 강물에 빠져 죽거나 얼어 죽었다. 고막천은 광주에서 목포로 가는 1번 국도 바로 옆에 있었지만 나는 일찍이 한 번도 가본 적이 없었다.

그때는 겨울이었고 동학군들은 변변치 않은 무기와 얇은

면 옷을 입고 있었다. 그들이 당한 떼죽음을 알고 있는 이는 지금도 거의 없다. 고막천 안내문에도 동학에 관한 내용은 보이지 않았다. 그들은 누구네 아버지였고, 누구네 지아비였고, 누구네 할아버지였을까. 그때 만 명, 혹은 2만 명, 어떤 이는 3만 명이 죽었다고 한다. 이는 당시 함평이나 무안군 전체의 청년 숫자하고 거의 맞먹는다고 해도 지나치지 않을 것이다. 적어도 한 집안에서 한 명쯤은 그해 이곳에서 사라졌다는 뜻이다. 그러므로 누가 동학군의 후예라고 말할 필요조차 없는 것이다.

전라남도 신안은 원래는 무안군 일부였다. 1969년 무안군 섬 지역만 따로 떼어서 '새로운 무안'이라는 뜻으로 신안군이라고 이름을 붙였다. 함평과 무안 동학군들이 여기서 죽었다고 하니, 우리 집안에서도 누군가 이곳에까지 이르렀을 터이다.

너무나 많이 죽어서 기록이 없는 것일까. 너무 많이 죽어서 기록하기가 무서웠던 것일까. 그해 이름 없이 사라져버린 농민군들은 누구였을까. 오늘도 그들의 넋을 기리는 것은 망각뿐이다.

대체 무지렁이 농민들은 어째서 삽과 낫을 버리고 죽창을 들고 겨울 들판을 내달리다 쓰러졌던 것일까. 1894년 동학군이 1차 봉기 했을 때 앞세운 말은 '제폭구민 보국안민'이었다.

폭정을 물리치고 백성을 구하고 나라를 위하고 백성을 편케 한다는 것이다. 요즘 말로 하면 적폐청산 민생정치에 해당하는 말이다. 그해 가을, 농민군 2차 봉기에 앞세운 말은 '척양척왜'였다. 간단히 말해 일본군과 맞서는 농민 의병이었던 것이다. 제2차 동학 농민군은 임진왜란 때 전국 각지에서 일어났던 수많은 의병과 근본적으로 차이가 없었다. 한 가지 차이가 있다면 이번에는 팔도에서 봉기한 것이 아니라 지금의 경남 해안 지역을 포함하여 주로 호남 지역을 중심으로 봉기했다는 것이다. 이를 이끈 사람이 전봉준이다. 충청도 일대 농민군을 이끌었던 지도자는 손병희다. 전봉준이 이끄는 농민군을 남접, 손병희가 이끌었던 농민군을 북접이라고 한다.

나는 장흥 석대들에도 가보았다. 다행히 그곳에는 장흥농민혁명기념탑이 서 있었다. 석대들에서 최후 전투를 이끈 이는 이소사라는 여성이었다. 한국 근대사를 열어젖힌 선진적 지도자 중 한 사람이 여성이었다는 사실은 내 가슴을 뜨겁게 했다. 3·1운동 때 '남에 유관순, 북에 동풍신'이 등장한 것은 결코 우연이 아닌 것이다. 동학의 최후를 지켰던 것이 여성이듯이 3·1운동의 정점에도 여성들이 있었다. 나는 오늘날 한국 여성운동이나 여성의 사회 진출, 역사적 책무를 자임하는 여성들의 자세에는 이러한 선배들의 피가 흐르고 있다고 확신한다.

　이윽고 내 발길이 향한 곳은 강진이었다. 그 전에도 몇 번 와본 적은 있지만 다산 초당에 들어섰을 적에 내 감회는 모골이 송연했다는 표현이 맞을 게다. 다산 정약용은 이곳 강진으로 귀양 와서 수많은 책을 썼다. 우리가 알고 있는 저서 대부분은 귀양살이 동안 집필한 것이다. 그는 18년을 강진에서 살았다. 다산 개인에게는 불행한 일이었지만 조선 유학은 다산에 이르러서 실질을 획득하였고 관념성을 벗어던지면서 철학과 현실의 결합이 세상을 구하게 되리라는 가치를 노정하기에 이르렀다. 어떤 사상이나 법철학이나 법률도 현실에 가 닿지 못하면 허망할 따름이다. 다산 사상이 구체성을 획득할 수 있었던 것은 귀양살이라는 고통과 맞닿았기 때문에 비로소 열린 경지였다고 나는 믿는다. 다산은 자신이 겪고 있는 시대의 고통을 정직하게 바라보았기에 역사의 진보를 담지해 낼 수 있었다. 다산 선생의 귀양살이에 비길 바는 못 되지만 낙선살이의 초라함은 내게 남도를 다시 발견하라고 가르치고 있었다.

　몇 달 동안 남도 이곳저곳을 찾고 사람들을 만나고 하던 내 발길은 어느 날 울돌목에 와 있었다. 물길이 울면서 굽이친다고 해서 울돌목이다. 이를 한자로는 명량(鳴梁)이라 한다. 울돌목 한쪽에는 이순신 장군의 글귀를 새긴 비석이 서 있다. 임진란이 일어난 이듬해인 1593년, 이순신 장군이 사헌부 지평 현덕승에게 보낸 편지에 나오는 말이다. "약무호남 시무국가(若無湖南 是無國家)" 이 말은 '만약 호남이 없다면 나라가 없다'는 것이다.

대체 호남이란 무엇인가. 이순신은 호남 사람도 아니고, 동학이 호남에서 태어난 사상도 아니다. 다산도 호남 사람이 아니다. 어떻게 해서 호남은 천하 명장 이순신에게 이러한 글을 남기게 했고, 다산 사상에 구체적 뿌리가 되었을까. 경주 사람인 수운 최제우는 어찌하여 남원 교룡산성 은적암에서 득도하여 처음 동학을 포교하였을까.

나는 그때까지 호남을 모르고 있었다고 하는 게 옳다. 호남에 아무리 오래 산다 한들 호남을 알기는 쉽지 않다. 그저 지난하고 복잡해서가 아니다. 그 시대의 고통에 자기 삶이 닿지 못하면 호남 정신을 이해하기 어렵다는 뜻이다.

이러한 뿌리가 있었기에 대한제국 말기에 호남인들은 거대 의병을 일으켰다. 사대부에서 노비에 이르기까지 호남인들은 계급과 계층, 빈부를 가리지 않고 항일 구국 투쟁에 나섰다.

일본군들이 가장 납득하기 어려웠던 사람은 보성 동소산을 근거지로 의병 투쟁을 벌인 안규홍이었다. 안규홍은 노비(담살이) 출신이었다. 일본군들이 보기에 노비는 자신의 신분에서 해방되기 위해서라도 조선이 망하기를 바라야 했다. 실제로 그들은 이러한 논리로 안규홍을 설득했다. 안규홍은 그런 회유에 설복되지 않았다. 그는 조선에서는 나 같은 사람이 노비지만 일본군 밑에서는 모든 백성이 노비라고 말했다. 그러므로 나는 누구보다 노비 처지를 잘 알므로 조선 사람 모두가 노비 되는 걸 막기 위해서 싸우노라고 답했다. 안규홍을 생각하면 뼈가 저린다.

아아—

이 말 말고 어찌 다른 말을 덧붙일 수 있겠는가.

이 땅에 국가가 생긴 이래로 난 한 번 어떠한 혜택도 받은 적이 없는 노비인 안규홍은 조국을 위해 기꺼이 목숨을 내놓았다. 임진왜란 때도 수많은 노비가 의병 활동을 했다. 만일 그때 의병에 참가했던 노비들이 노비 신세에서 풀려나거나 노비 제도가 조금만 개선되었다고 한다면 조선은 전혀 다른 나라가 되었을 것이다. 임금인 선조와 사대부 계급은 전쟁이 끝난 뒤에 도리어 노비 의병장들을 죽이거나 하대했다. 안규홍은 그런 모든 모순을 자신의 삶과 육체를 통해서 체현하고 있었고, 이를 통해서 동시에 그 역사의 오래된 모순을 넘어서고 있었다. 그는 단지 한 명의 의병장이 아니라 외적과 맞선

항쟁을 통해 진정한 주인으로, 진정한 자유인으로 다시 태어나고 있었다. 그래서 나는 의병장 중에 안규홍을 으뜸으로 꼽는 데 주저하지 않는다. 그야말로 호남인 것이다.

호남 의병장 중에서 생포된 사람들은 몸이 묶인 채로 이제 막 개항한 목포로 끌려왔다. 일본인들은 의병장들을 한곳에 모아두고 사진을 찍었다. 내가 본 사진에는 열여섯 명의 의병장이 이름을 달고 앉아 있다. 송병운, 오성술, 이강산, 모천년, 강우경, 이영준, 황장일, 김원국, 양진여, 심남일, 조규문, 안규홍, 김병철, 강사문, 박사화, 나성화. 사진에는 안규홍도 들어 있다. 그는 사진에서 뒷줄 오른쪽 다섯 번째 사람이다. 사진을 찍은 곳은 목포의 일본 영사관 앞쪽 빈터였다. 그 자리는 이윽고 일제의 경제 침탈 주범인 동양척식주식회사 목포 지점이 되었다. 나는 성장하는 동안 그 건물 앞을 수도 없이 지나다녔는데 그 사실을 안 뒤에 다시 찾아갔을 때 쓰라린 죄를 감당키 어려웠다.

광주학생운동에 참가한 학생들의 아버지나 삼촌 또래들이 전개했던 투쟁이 일제가 남한 대토벌이라고 부르는 호남 의병 활동이다. 1929년 만세운동을 주도했던 학생들도 당연히 그 이야기를 듣고 성장했을 것이다. 일제강점기에 일어난 국내 3대 독립운동으로 3·1운동, 6·10만세운동, 광주학생운동을 꼽는다. 3·1운동은 다들 알다시피 고종의 국장에서 일어 난 항쟁이고, 6·10만세운동은 순종의 국장에서 일어난 항일 투쟁이다. 1919년, 1926년, 그리고 3년 뒤인 1929년에 광주학 생운동이 일어났다. 시위 참여 규모로는 3·1운동이 단연 으 뜸이고 두 번째가 광주학생운동이다. 광주학생운동은 명칭에 서도 알 수 있듯이 광주에서 학생들이 중심이 되어 일으킨 항 일 운동이다. 이 투쟁은 동학이나 호남 의병과 달리 고립되지 않고 전국적으로 확대되었다.

1930년 봄에 소학교를 졸업한 한 사람의 자서전을 읽은 적 이 있다. 그는 백두산 밑 관모봉 아래 있는 소학교를 다녔는 데 광주학생운동 소식이 졸업식장에 전해져서 졸업식과 함께 항일 운동을 전개했다고 한다. 개마고원의 관모봉에 있는 소 학교까지 만세 투쟁에 참여했다면 이듬해까지 줄기차게 전개 된 청년 학생 중심의 항일 운동은 삼천리 곳곳에 이르지 않은 데가 없었다고 보아도 좋을 것이다. 광복이 된 이후 광주 학 생들이 처음 봉기한 이날은 '학생의 날'로 제정되었다. 11월 3 일이다.

근대 이래 호남에서는 항쟁이 지속되었지만 광복이 된 뒤 에도 그들의 소망과 성과는 높지 않았다. 그게 한국전쟁을 전후로 한 시기에 숱한 호남인들을 죽음으로 몰아넣은 배경 이라고 생각한다. 이러한 내용을 다루고 있는 조정래의 소설

『태백산맥』은 단일 작품으로는 가장 많은 천만 권 이상 팔린 책이 되었고, 금기의 역사를 넘어서 대중의 이름으로 보편서로 편입되기에 이르렀다.

동학 이후 호남인들은 반봉건, 반일제, 민주화 운동을 지속적으로 전개해왔다. 광주민주화운동은 이와 같은 장구한 시간 속에 축적되어 있었던 호남인들의 의식이 다시금 행동으로 표출된 것이었다.

나는 여전히 광주 북구 수곡동 산 29-2번지 망월묘역이라 흔히 부르는 5·18 국립묘지에 가는 일이 두렵고 부끄럽다. 내가 인권변호사를 하고 국회의원을 하면서 조그마한 것이라도 성취해낸 것이 있다고 한다면 이는 모두 '광주'에 빚진 것들이다. 나는 그들이 바랐던 소망의 극히 일부에라도 도달하기 위해 노력했다. 죽기 전에 망월묘역에 부끄러움 없이 설 수 있는 날이 온다면 그것이야말로 내 인생에서 가장 큰 영광일 것이다.

나는 신안 암태도 사람이다. 그 유명한 암태도 소작쟁의가 우리 집에서 멀지 않은 곳에서 일어났다. 어쩌면 나는 성장하는 동안 암태도 소작쟁의에 대해 역사적으로는 잘 알고 있으면서도 이를 삶으로 받아들이지는 못했던 듯하다. 필시 냉전이 드리운 영향 때문이리라. 마을 어른들은 암태도 소작쟁의를 이야기할 때는 쉬쉬하면서 대화했고, 오래도록 그 항쟁은 금기시되었다. 소작쟁의를 이끌었던 서태석 선생이 국립묘지에 안장된 것은 고작해야 2008년의 일이었다. 광주학생운동의 발단이 되었던 광주여고보 학생 박기옥은 서태석의 며느리가 되었다. 암태도 소작쟁의는 1923년에 있었고 광주학생운동은 1929년에 있었다. 우리는 두 개의 역사를 하나씩 개별화해서 인식하지만 사람의 삶은 반드시 연속적이다.

호남인들의 항쟁 의식은 문자 그대로 이렇게 줄기차게 이어져왔다. 때로는 가족으로, 때로는 학교로, 때로는 친구로, 때로는 사상으로. 그러므로 나는 호남 정신을 지역 정신이라 생각하지 않는다. 지역이란 그들의 생존 공간을 말하는 것이고, 그들은 지역에 갇혀 있었던 게 아니다. 그 지역 안에 형성된 가치 체계를 통해 시대와 역사를 거침없이 추동해냈던 것이다.

나는 내가 호남인이라는 걸 새롭게 자각했을 때 다시 정치를 해도 좋겠다고 생각하기에 이르렀다. 이 사람들의 가치와 땀과 눈물과 피와 슬픔과 기쁨을 체현해낼 수만 있다면 나는 정치인이고자 했다. 그날 나는 다시 명량으로 향했다. 이순신은 백의종군 뒤에 장흥 회진포구에서 배 열두 척을 인계받아 전투 준비를 했다. 당시 조정은 이순신의 해군을 육군에 편입하라고 지시했다. 이순신은 항명은 아니었지만 선조에게 장계를 올렸다. 거기에 우리 한국사가 지속되는 한 지울 수 없는 명문이 들어 있다.

신에게는 아직 열두 척의 배가 있사옵니다. 전선이 비록 적다고 하더라도 미신(微臣, 미미한 신)이 죽지 아니한즉, 적이 감히 우리를 가볍게 여기지 못할 것이옵니다.'

그때 이순신은 장계를 임금에게 올려야 했다. 4백여 년 뒤의 나는 국민과 호남인에게 보고서를 올렸다. 호남 정신을 구현할 수만 있다면 열두 척이 아니라 한 척이라도 좋았다. 나는 쓰라린 좌절 뒤에야 이렇게 호남인으로 다시 태어나고 있었다.
명량 물살은 여느 때처럼 거칠었다. 이순신은 이 거친 바다에 배를 띄웠다. 그렇다. 훌륭한 장수와 뛰어난 선장은 거친 물결을 단지 헤쳐 가는 것이 아니라 성난 파도를 동력으로 삼는 것이다. 나는 그날 출마를 결심했다.

평범하고도 비범한 나의 벗들

남도의 맛은 어디서 오는가

 충장로 근처에는 남도의 맛을 품고 있는 밥집들이 즐비하다. 봄비 내리는 저녁에 지나노라면 이집 저집 한 집씩 죄 들어가서 대포라도 한잔씩 걸치고 싶은 게 이 일대 골목이다. 거리 이름은 김덕령 장군 시호에서 따왔다. 임진왜란 때 싸운 이름난 남도 의병장이다. 장군은 억울하게 세상을 떠났다. 어떤 이는 왜란을 맞아 먹지 못하고 죽은 귀신들이 아직 돌아다녀서 음식이 더 맛있다고도 한다. 괜히 싱거운 말만은 아니다. 억울한 죽음을 잊지 않으려는 뜻이렷다. 김덕령 장군은 죽음을 앞두고 짧은 시를 남겼으니 「춘산곡(春山曲)」이다.

춘산에 불이 나니 못 다 핀 꽃 다 불붙는다.
저 뫼 저 불은 끌 물이나 있거니와
이 몸에 내 없는 불이 일어나니 끌 물 없어 하노라.

나는 이 시를 처음 읽었을 때 김덕령이 쓴 시가 아니라는 생각이 들었다.

마른 봄산에 불이 나니 미처 피지 못한 꽃들에 다 불이 붙는다는 첫 줄을 읽을 때마다 80년 5월 광주가 겹쳐 떠오르는 까닭이다. 몇백 년을 사이에 두고 두 정서 사이에 이토록 차이가 없다니, 이게 무슨 까닭인가 싶었다. 산에 불이 붙어야 비로소 다 피는 꽃들에서 나는 광주를 보았다. 김 장군은 산에 붙은 불이야 물로 끌 수 있지만 제 몸에 붙은 불은 끌 길이 없다고 억울함과 한을 노래한다. 어쩌면 좋겠는가. 남도 사람들은 이를 '천불이 난다'고 한다. 몸에 온통 불밖에 없는 상태다. 그 춘산의 고향이 충장로라고 나는 믿고 있다.

충장로 일대 밥집에서 가장 큰 인심이 났던 건 5월이었다. 남도 아낙들은 가게와 집에 있는 솥을 떼어다 거리에 걸어놓고 시민군들을 위해 밥을 지었다. 자기 몸에 춘산이 들어 있기에 그리하였으리라. 그 밥집들에는 봄 여름 가을 겨울 없이 그해 봄이 스며 있다. 어찌 맛이 깊지 않겠는가.

두 해 전 겨울이었다. 해물식당에서 늦은 저녁을 먹고 있는데 함박눈이 쏟아졌다. 행인들은 발길을 서둘렀고 밥집 손님들도 귀가가 쉽지 않게 되었다. 어떤 이는 가방으로 앞을 가리고 버스 정류장을 향해 뛰었고, 어떤 이는 문 앞에서 갈지 말지 망설이고 있었다. 밥집 안에서 그저 눈이 그치기를 기다리는 나이 지긋한 연배들도 있었다. 그때 밥집 여주인이 나서더니 웃으면서 말했다.

"택시 불러드렸으면 좋겠구만…… 요 앞에 나가셔서 좀만 기다리면 잡힐 것이요. 차비에 보태쇼, 잉."

그러고는 당연한 일이라는 듯이 손님들에게 저마다 차비를 쥐여주었다. 익히 해온 듯한 손길이었다. 나는 그 광경을 바라보면서 가슴이 뭉클했다. 김덕령과 오월이 다 거기 들어 있었다. 충장로 대인동 밥집이 진짜 맛난 이유를 나는 그날 저녁에 비로소 온전히 이해하게 되었다.

여기 밥집 이름과 주인 이름을 남긴다. 삼원식당 백덕순 사장이다.

노래가 사는 곳

내 친구 중에는 가수 정아가 있다. 트로트 가수라 불러도 좋고, 뽕짝 가수라 해도 상관없고, 팝송 가수라 해도 무방하고, 대중 가수라고 한들 괜찮다. 어쨌든 그는 나의 명가수다. 벌써 앨범을 5집까지 냈다. 내 친구 가수 정아의 명곡 「너뿐이야」는 노래방에 가면 팔도 어디서든 부를 수 있다.

광주 토박이 가수 정아는 공무원 아버지와 양동시장에서 포목가게를 하는 어머니 사이에서 7녀 1남 중 막내로 태어났다. 집안도 제법 유복했다. 전남대 국문과를 다녔는데 일찍부터 가수가 되고 싶어 했다. 부모님은 이를 극구 말렸다. 내 친구 가수 정아는 꼭 한번 효도를 했다고 믿고 있다. 부모님 두 분이 다 돌아가시고 난 뒤에 늦깎이로 가수가 된 일이다. 나는 정아의 노래에는 늘 못 다 부른 노래가 들어 있다고 여긴다. 남 몰래 부른 노래, 숨어 부른 노래가 정아의 가슴속에 있는 터다. 이제는 그 노래에 부모님이 함께 머물러 있다고 본다.

내 친구 가수 정아가 자주 찾아가서 노래를 부르는 곳은 소년소녀 가장이나 독거노인들이 사는 곳이다. 정아는 기다리는 가수가 아니라 찾아가는 가수인 것이다. 노래가 없는 곳을 찾아가는 노래가 진짜 노래다. 노래방에서는 노래를 찾는 게 아니라 노래를 부를 뿐이다.

시민 가수 정아는 노래가 없는 곳에서 노래를 부르고 난 뒤면 으레 말한다. 나는 성공한 삶을 살아오고 있다고. 그가 말하는 성공이란 돈 벌고 유명해지는 걸 뜻하는 게 아니다. 노래가 가장 필요한 곳에서 노래를 불렀다는 뜻이다. 이것이 진짜 성공한 노래다. 노래가 성공하지 않고 가수만 성공해서는 제대로 성공한 게 아니다.

음치인 나는 정아의 노래를 즐겨 부른다. 정아가 노래를 부르는 곳은 어쩌면 낮은 세상일지도 모른다. 그의 노래는 깊은 슬픔과 말 못 해온 가난과 성공한 가수들은 가지 않는 곳을 찾아간다. 그의 노래를 따라간 곳이야말로 정치가 가닿아야 하는 자리들이다.

나는 명절 같은 때가 되면 정아의 손을 잡고 노래를 따라간다. 내 친구 가수 정아가 이끄는 곳에 내가 가야 할 길이 놓여 있는 터다.

가장 오래된 사회복지사를 소개합니다

쉰 명이나 되는 반장이 사는 마을이 있다. 관 같은 곳에서 누가 임명한 것도 아니고 푼돈이나마 대가를 주는 것도 아니다. 쉰 명의 마을 반장 중 회장을 역임한 용상하 회장은 나의 동네 형님이다. 공무원으로 정년 퇴직한 뒤 벌써 4반 세기를 반장과 지역 봉사 일로 살아오고 있다. 상하 형님은 그야말로 동네 반장이자 회장이다.

상무2동에는 생활이 어려운 분들이 제법 많다. 상하 형님이 사는 동네다. 쌍촌주공아파트는 1,400여 세대에 이르는데 독거노인, 장애인 등이 서로 등을 기댄 채 모여 살고 있다. 상하 형님을 비롯한 마을 반장들은 날마다 집집으로 찾아가 주민들을 문안하고 말벗이 되어준다. 사회복지사 같은 게 이 땅에 생기기 훨씬 이전부터 해온 일이다. 쉰 명 반장들은 얕은 주머니를 털어서 일주일에 한 번꼴로 요구르트를 배달해주고 있다.

상하 형님은 말벗에 배달부 노릇만이 아니라 응급구조사이기도 하다. 한 해 전이었을 게다. 당연히 잘 아는, 홀로 살고 있는 노인네 집 문을 두드렸는데 기척이 없어서 문을 열어보았단다. 노인이 방에 쓰러져 사경을 헤매고 있었다. 형님은 즉시 심폐소생술에 들어가면서 119에 연락을 해서 구급차가 오도록 했다. 다행히 노인은 깨어났고 지금은 여느 때처럼 산책도 하면서 일상을 살아가고 있다. 상하 형님이 심폐소생술을 포함하여 소방안전관리사 자격증을 미리 따두었기에 가능한 일이었다.

"천 의원, 청탁 좀 합시다."

상하 형님이 눈을 크게 뜨고는 절대 물러서지 않겠다는 듯한 결기를 내보였다. 이런 순간에 나는 형님의 말을 들어야 한다는 걸 잘 알고 있다. 상하 형님이 간곡한 요청을 할 때 보이는 표정이다. 형님은 낡고 비좁은 주공아파트 경로당을 새로 지어야 한다고 했다. 아파트의 법적 주인은 LH공사이고 경로당 운영은 광주시가 책임을 지고 있다. 형님은 응당 내가 해야 할 일을 깨우쳐주고 있었던 것이다.

조만간 경로당을 새로 단장하게 되면 요구르트 잔치를 해볼까 한다. 그날도 상하 형님은 틀림없이 요구르트를 들고 어디론가 달려가고 있을 것이다.

"좋은 것 혼자 먹으면 죄로 가네, 잉."

참된 복지란 가슴에서 나오는 법이다. 이웃과 함께 살아가겠다는 가슴이 없는 복지나 정치는 이미 가난한 복지요, 가난한 정치일 뿐이다. 상하 형님은 자격증 따위야 없지만 이 땅에서 가장 오래된 사회복지사다. 상하 형님 같은 분이 도처에 숨어 있다는 걸 나는 안다. 그들이야말로 세상을 따뜻하게 지켜내고 있는 참된 인심이다.

벽에 새긴 약속

지리산 밑 구례 출신 황의남 사장은 공고를 마친 뒤 열여덟 살에 막노동을 시작했다. 보따리장수, 손수레 과일장수도 거쳤다. 레스토랑을 연 것은 스물여덟 살 때였는데 친구 넷이 그동안 번 돈을 다 쏟아부어서 동업을 했다. 성공은 쉽지 않았다. 몇 번이나 쓴맛도 보았다. 이윽고 장사가 손에 익어가면서 광주를 넘어 서울에도 한우고기 전문 식당을 차렸다.

공고 출신 황 사장은 박사다. 그냥 동네 박사가 아니라 진짜 관광학 박사다. 식당 사업 틈틈이 남몰래 공부를 해서 먼저 학사가 되고, 석사과정을 마치고, 마침내 박사학위 논문까지 제출했다. 학위 논문은 『서비스스케이프가 종사원의 서비스 지향성과 생산성 향상에 미치는 영향: 한식 갈비 전문점을 중심으로』였다. 황 사장은 자기 논문에서 제시한 방향을 자기 사업장에 적용해서 사업을 발전시켰다.

자수성가를 했다고 해서 내가 그를 만인에게 알리고자 하는 건 결코 아니다. 그런 사람은 많다. 황 사장은 외식업계 최초로 주 5일 근무제와 월차 제도 등을 도입한 기업가다. 이것만 가지고 황 사장을 다 말한다고 할 수도 없다. 그가 한식에서 양식, 중식 프랜차이즈 사업으로 확장하고 식자재 유통, 부동산 레저 사업 등을 성공시키겠다는 목표로 도전하고 있다고 해서도 아니다. 3남 1녀인 자식들을 해외 유학을 보낼 정도로 교육열이 높고, 또 나름대로 성공했다고 해서는 더욱 아니다. 한낱 개인의 성공담이야 널려 있는 세상이다.

돼지갈비가 맛난 광주 황솔촌 식당 황의남 사장을 알리려면 이 식당에 와서 벽을 봐야 한다. 메뉴가 붙어 있는 벽에서 조

금 고개를 돌리면 기부 실적이 나온다. 아예 경기장 시계 같은 디지털 계기가 붙어 있다. 그는 오래도록 수익의 1할을 어려운 이웃을 돕는 기부금으로 적립하고 사용해왔다. 2019년 11월 현재 누적 기부액이 14억여 원이다. 황 사장은 혼자 성공하고자 하질 않는다. 그는 함께 성공하지 못하는 세상은 결국 성공한 세상이 아니라고 믿는 사람이다. 나는 그가 맛있게 사는 사람이라고 생각한다. 또한 그가 구워내는 돼지갈비가 세상에서 가장 맛있다고 확신한다. 그 맛의 1할은 세상을 위한 것이기에.

'평범하고도 비범한 나의 벗들' 넷을 소개해봤다. 광주나 광주 서구를 지키고 있는 사람들이다. 나는 이분들을 통해 참된 인심이 있는 사회, 문화 예술이 가야 할 곳, 그늘진 곳을 비추는 사회복지, 진짜 부자란 무엇인가를 배우고 있다. 이 비범한 벗들은 나의 스승들이다. 그래서 내게 광주는 사람으로 꽉 차 있다. 그들과 함께하는 정치는 따뜻한 세상을 향한 항해이자 도전이다. 여기에 애초부터 실패란 있을 수 없다. 모든 인간다운 곳에 실패가 없듯.

다시 나의 노선

 할머니는 유년 시절에 내게 누구나 똑같이 귀하게 대접받는 세상을 만들어야 한다는 꿈을 키워주셨다. 암태도의 내 초등학교 동창생 70여 명 중 나를 제외한 모든 친구들은 형편이 어려워서 대학 문턱은커녕 중학교에도 가지 못하는, 그런 기회 상실을 겪었다.
 나는 정치를 하면서 늘 한편으로는 모든 사람이 안정되게, 적어도 삶의 불안을 느끼지 않고 살 수 있는 세상, 동시에 누구든지 정직하고 부지런하게 사는 만큼, 또 능력에 따라서 대우를 받을 수 있는 그런 정의롭고 공정한 세상을 추구해왔다.
 나는 각 개인이 한없이 존엄하고 가치 있는 존재로서 인권을 누리는, 모든 자유와 권리를 누리는 세상을 지향한다. 나는 또한 모든 사람이 기회나 결과에서 평등을 누리는 정의로운 사회를 꿈꾼다. 인권과 정의, 나는 이 말을 좋아하고 실천하려 해왔다.

그 후 정의로운 복지국가라든가 풍요롭고 공정한 대한민국, 이런 말로 내가 생각하는 국가 비전을 여러 차례 말한 바 있다.

나는 개인적으로는 늘 도덕성을 지키고, 어떤 경우에도 내게 주어진 권한을 남용하거나 사적으로 이용하지 않고, 또 나 자신이 바른 길에서 벗어나지는 않았는지에 대해 늘 되돌아보고 성찰해야 한다고 생각했다.

나는 나의 꿈을 실현하기 위해 특권, 반칙, 갑질, 기득권, 편법, 위선 등등 우리 사회에 가득 차 있는 해악들과 맞서려고 했다. 그리고 이런 일들이 일어나지 않는 구조를 만들기 위해 노력했고, 한마디로 말해서 이게 개혁이라고 생각한다. 나 자신은 늘 정치 개혁과 공권력 개혁, 재벌 개혁 등 모든 부문의 개혁에서 가장 적극적으로 앞서왔다고 자부한다. 나는 이 나라가 정의롭고 평등한 나라가 되어야 한다고 굳게 믿고 있다. 특히 성 평등, 세대 간 평등, 지역 평등과 균형 발전에 큰 관심을 두고 이를 실행하려 애써오고 있다.

내가 수도권에서 오랫동안 정치를 하다가 광주로 옮긴 이유는 광주와 호남을 비롯한 우리나라의 비수도권 특정 지역들이 수도권이나 다른 지역들에 비해 심각하게 뒤떨어져 있기 때문이다. 특히 경제적으로 낙후되어 있어 이렇게 방치하면 대한민국이 극히 불평등해질 것이고, 지역적으로도 불평등한 나라가 될 것이라는 걱정이 컸다.

나는 호남과 광주의 정치인으로 호남을 비롯해 그동안 소외되었던 지역들이 중심이 되어 국가의 균형 발전을 이루도록 하고 싶다. 이를 실현하기 위해 새로운 비전과 그 비전을 실현할 수 있는 정치 환경을 만드는 게 매우 중요하다고 생각한다. 나는 대한민국이 더 공정해야만 더 풍요롭게 살 수 있다고 믿는다. 그런 나라를 만들고자 한다.

우리 사회에는 기득권, 특권, 반칙, 편법이 너무도 깊숙하게 자리 잡고 있다. 이를 뜯어고치고 바꿔가려면 새로운 시대를 맞아 새로운 비전을 갖춘 신주류(new mainstream)가 형성되어야 한다. 그동안 이 사회를 갈라서 지배해온 양당의 승자독식 싸움판 정치로는 미래를 열어갈 수 없다.

앞으로는 셋 이상의 정당이 경쟁을 통해 대화와 타협을 하는 다당제 합의제 민주주의 정치 구조를 만들어야만 한다. 이를 위해서는 '민심 그대로'를 반영하는 선거 제도 도입이 절실하다. 광주와 호남의 관점에서 보면 그동안 우리는 일당 독점을 겪어왔다. 그 과정에서 그들과 광주, 호남의 정치는 경쟁력을 잃으면서 낙후되고 기득권화됐다. 이를 넘어서는 길은 호남에서도 2개 이상의 정당이 선의의 경쟁을 벌이는 정치 구조가 반드시 필요하다.

기존 구조를 바꾸는 것이 아무리 어렵더라도 양식 있는 많은 국민들, 특히 광주와 호남인들이 개혁과 미래를 여는 데 앞장서고 동참해주리라 확신하기에 늘 담대하게 이 길을 걸어왔고, 앞으로도 그럴 것이다.

나의 노선을 똑바로 가게 하는 지침이자 나침반은 바로 광주와 호남의 민심과 민의다.

나의 노선
—서의숙

시몬 드 보부아르의 말처럼 나는 여성으로 태어나기보다는 여성으로 만들어졌다.

나는 목포에서 의사이자 환경운동가인 서한태 박사의 막내딸로 자랐다. 아버지는 나를 애지중지하면서 내게 한없이 자상하게 대했고, 어머니는 자식들을 헌신적으로 보살폈다. 부모님은 그 시절 다른 많은 부모들처럼 딸이 곱게 자라서 좋은 남편을 만나 내조 잘하고 자식들 낳아 훌륭하게 키우기를 바랐고, 사회적 분위기도 마찬가지였다. 나 자신도 부지불식간에 행복한 가정을 이루겠다는 꿈 아닌 꿈을 꾸게 되었고 대학조차 가정과에 가게 됐다.

나는 대학 1학년 때 남편을 알게 되었는데 졸업하기도 전에 약혼을 하고 졸업 후 1년간 교직에 있다가 혼인을 하면서 직장을 그만두고 '현모양처'의 길로 들어섰다. 남편이 바른 사람인 줄이야 애당초 알고 있었지만, 정작 혼인한 뒤 그의 삶은 나도 예상 못할 만큼 남달랐다.

그는 사법연수원을 수료하고 법무관으로 군복무를 할 때만 해도 검사가 되겠다고 마음먹고 있었다. 그런데 막상 1981년 제대 뒤 임명을 앞두고는 그 길을 접었다. 광주 학살의 원흉 전두환으로부터 검사 임명장을 받을 수 없다는 것이었다. 나는 흔쾌히 그의 결정을 따랐다. 지아비의 결정이기도 했지만 그 길이 너무도 옳았기 때문이다.

그 뒤 남편은 김&장 로펌에 변호사로 들어가 밤낮없이 일을 했다. 그동안 우리는 딸 둘을 길렀는데, 지금 생각해보면 개인적으로는 가장 평온한 시절이었다. 당시 그 로펌은 변호사로 4년쯤 일하면 2년 정도 미국 등지의 대학이나 로펌에 유학이나 연수를 보내주었다. 내가 기대에 부풀어 가족들과 함께 해외에 나가 살 준비를 하고 있던 어느 날, 남편은 로펌을 떠나 조영래 변호사와 함께 인권변호사 활동을 하겠다며 외국 유학과 연수도 포기했다. 내심 서운한 마음이 없지 않았지만 그의 뜻을 거스를 생각은 추호도 없었다.

그는 곧 작은 변호사 사무실을 운영하면서 여전히 변함없이 열심히 일했다. 수입은 대폭 줄어들었고 나는 생활비를 거의 7할은 줄여야 했다. 그는 1988년 민주사회를 위한 변호사

모임(민변) 창립회원이 되어 열정적으로 일했다. 아마도 남들보다 서너 배는 더 일했을 것이다.

나는 한결같이 남편을 힘껏 내조했고 정성을 다해 두 딸을 키웠다. 남편은 가정적인 사람이었지만 워낙 일 욕심이 많고 바빠서 가족들과 함께할 시간을 거의 낼 수 없었다. 나 혼자 딸들 뒷바라지를 도맡으며 힘이 들었고 남편이 원망스러울 때도 있었다. 하지만 그를 사랑하고 존경하기에 기쁘게 따라야 한다고 생각했다.

1995년 여름 어느 날, 남편은 당시 김대중 총재의 권유를 받고 정치에 입문해 국회의원 선거에 나가겠다고 했다. 나는 그 길만큼은 함께 가고 싶지 않아 한사코 말렸지만 결국 그의 뜻을 좇기에 이르렀다. 그날 이후로 나와 우리 가족의 삶은 완전히 달라졌다. 나도 남편 못지않게 지역구 곳곳을 다니며 활동을 해야 했고, 남편이 생활비를 못 가져다주는 때도 많았다. 정치인들이 그렇듯 남편은 몇 번 당을 새로 만들었고, 지역구를 옮기기도 했기에 새로 사무실을 구하고 집도 여러 차례 이사를 해야 했다. 남들처럼 좋은 집으로 이사하는 게 아니라 남편의 정치 노정을 따라 옮기는 이사였다.

되돌아보면 가정을 이룬 후 나의 삶은 별난 남편의 길에 동행하느라 파란만장의 힘든 여정이었다는 게 진솔한 표현일 것이다. 그렇지만 남편이 늘 자기 욕심보다는 공적 사명에 충실했고 딸들도 잘 자라주었기에, 나도 이들을 도우며 사랑하고 함께 살아오면서 큰 기쁨과 보람을 얻어왔다. 남편은 여전히 열정적으로 일하고 있고, 두 딸은 나와 달리 일과 가정 양립의 길을 가고 있다.

남편과 두 딸을 보면 행복하다. 하지만 나도 독립된 한 인간으로서 가정주부를 넘어 당당하게 자아실현을 추구하는 삶을 살았더라면 좋았을 텐데 하는 마음이 한 켠에 늘 자리 잡고 있다. 다른 한편, 딸들이 가사와 바깥일을 함께 하느라 힘들어하는 모습을 보면 참으로 안쓰러우면서 차라리 내가 더 편히 살아온 것 아닌가 하는 생각이 들기도 한다. 여성들이 마음 놓고 일도 하고 가정을 꾸려갈 수 있는 사회를 만들어야 한다고 생각한다.

머지않아 노년을 맞게 되는 나로서는 아쉽더라도 나의 노선을 근본적으로 바꿀 도리가 없다. 그렇지만 이제라도 내 자신의 삶에 의미를 부여할 수 있는 작은 일들을 찾아 실현해보고 싶다.

"개인적인 것이 정치적인 것이다."

이는 급진적 페미니즘의 선구자 격인 여성학자의 말이다. 나와 내 남편 사이의 지극히 개인적인 관계에도 실은 권력이

작동한다는 뜻이다. 몇 년 전 처음 들었을 때 큰 충격을 받았던 잠언이다. 정작 그 말을 내게 가르쳐준 사람은 남편이었다. 그 후 남편은 집안일도 잘 거들어주고 다음 생에서 다시 부부가 되면 자기가 나를 지극하게 모시겠다고 말하곤 한다.

어쩌랴. 이런 남편과 동행하여 걸어온 나의 길이 조금 아쉽더라도 잘 살아왔다고 여긴들.

나의 노선
―큰딸

아주 어렸을 적부터 내가 느끼기에 아빠는 매우 남다른 분이었다. 일단 당장 눈앞에 닥칠 시험 등을 대비하는 것이 아니라 먼 미래를 내다보고 큰 그림을 그리며 공부하도록 하셨다. 좋은 책을 직접 사다주시면서 함께 읽고 생각을 많이 하도록 하셨다. 내가 초등학교 고학년일 때는 한 주에 한 차례씩 주제를 내주시고 글을 써오도록 하셨는데, 그중 기억나는 주제는 '우리나라는 왜 통일이 되어야 하는가'였다. 물론 아빠가 지도하신 것만큼 내가 따라주지 못해 부끄러운 면이 있긴 하다.

아빠는 공부를 가르쳐주신 것뿐만 아니라 나에게 세상을 바라보는 방법을 알려주셨다. 길에서 구걸하는 사람들을 보면 늘 "저 사람 개인을 직접 도와주는 것도 중요하지만, 그보다는 저렇게 어려운 사람들이 없도록 다 같이 잘 사는 세상을 만들어가자"라고 말씀하셨다. 내가 미래에 어떤 직업을 가지고 어떤 일을 할까에 관해 생각할 때, 아빠는 단 한 번도 어떤 직업을 택할 경우에 더 돈을 많이 벌 수 있다든지, 더 편하게 살 수 있다든지에 대해 말씀하신 적이 없다. 다만 내 능력을 가지고 사회에 어떻게 기여할 수 있을까에 대해서만 생각하게 하셨다.

늘 바쁘고 집에 잘 안 계시는 아빠한테 서운함을 느낀 적도 있지만, 아빠는 내가 인생에서 큰 결정을 할 때마다 가장 결정적인 역할을 해주셨던 것 같다.

솔직히 말해, 성년이 되기 전에는 아빠가 단 한 번도 나에게 법조인이 되라고 권하신 적이 없다. 그냥 가족 식사 자리에서 나에게 미란다 원칙이나 착한 사마리아인 법이 무엇인지에 대해 설명해주시곤 했다. 그러다 보니 나도 자연스럽게 법률가의 길에 관심을 갖게 되었고, 나의 적성에 맞을 것 같다는 생각을 하게 되었다. 또 아빠가 사회에 기여하려고 노력하시는 것과 다른 방법으로 사회에 보탬이 되고 싶다는 생각에 현재의 직업을 택하게 되었다.

내가 판사로 임관했을 때, 아빠는 그저 기뻐하시기보다는 우려의 말씀을 하셨다. "아직 어리고 사회 경험이 적은 네가 중요한 일을 하는 지위에 있게 된다는 사실에 걱정이 앞서는 구나. 항상 오만하지 말고 낮은 자세로 당사자들의 얘기를 경청하도록 해라"라고 말씀하셨다. 나는 그 말씀을 잊지 않으려고 노력하고 있다.

아빠의 딸이라는 지위가 나에게 걸림돌이 되는 경우도 있었다. 내가 무슨 행동이나 발언을 할 때, 나를 나 자체로 봐주기보다는 아빠의 딸로 보는 사람들이 있었다. 예를 들면, 사회적으로 민감한 사건을 담당하게 되었을 때, 아빠의 딸이라는 이유만으로 정치적인 판결을 할 것이라는 오해를 받거나, 더 나아가 기피신청을 당한 적도 있었다.

그러나 아빠와 딸이라고 해서 사회적 현상에 대한 생각이 완전히 같을 수도 없고, 실제로 아빠와 가끔 이야기를 나누다 보면 서로 다른 생각을 가진 경우도 상당히 있다.

더욱 중요한 것은 내가 처음 직업을 선택하게 된 이유처럼, 아빠와 나는 사회에서의 역할과 의사 표현 방식이 전혀 다르다. 정치인으로서 이념과 노선을 드러내고 그에 따라 적극적으로 정책을 만들어내시는 아빠와는 달리, 나는 주어진 사건에 대해 현행법과 상식에 따라 가장 적절한 해결책을 도출하려고 노력하는 것이다. 나 개인으로서는 어떤 사회현상에 대한 나름의 의견을 가질 수는 있지만, 사건을 해결하는 데는 그 의견이 크게 개입될 여지가 없다.

아빠의 딸이라는 지위가 나의 직업 수행에 영향을 미치는 점이 있다면, 평생 올바른 길을 걸어오려 노력하신 아빠에게 부끄럽지 않도록 항상 신중하려고 노력한다는 것일 테다.

나의 노선
―작은딸

 대부분의 딸들이 그렇겠지만 살아오면서 굵직한 선택의 순간들에 맞닥뜨렸을 때 가장 큰 영향은 아빠로부터 받았다고 할 수 있다. 어린 시절 막연히 꿈꿨던 미래에서부터 외교관이라는 구체적인 직업의 선택에 이르기까지, 나의 노선이라고 거창하게 표현하기에는 보잘것없는 40년 내 일생의 크고 작은 조각들에 정치인 천정배가 녹아 있는 듯하다.
 아빠는 한 번도 언니와 나에게 학교에서 1등을 하라거나 남과의 경쟁에서 이겨야 한다고 가르치신 적이 없었고, 돈을 많이 벌어 안락한 생활을 추구하길 바라신 적이 없다. 어렸을 땐 진리를 탐구하는 철학자가 되라는 말씀에 나도 동네 길목에서 보던 '철학관'을 차리겠다고 해서 웃음을 자아냈고, 언니는 장래 희망란에 5대 성인이 되겠다는 원대한 포부를 밝였던 기억이 난다.

 그런 아빠를 둔 덕분인지 언니와 나는 자연스럽게 공무원의 길로 접어들었다. 언니는 대를 이어 법조인이 되었고, 나는 아빠의 권유로 외교관이라는 직업을 갖게 되었다. 아마도 아빠는 법조인이자 정치인으로서 못 다한 일들을 둘째딸이 대신해주기를 바라셨던 게 아닐까. 아빠가 꿈꾸는 정의로운 복지국가를 구현하는 데 있어 한반도가 처한 분단의 현실이 큰 걸림돌이 되고, 이는 법과 제도, 국내 정치만으로는 해결할 수 있는 일이 아니다. 우리를 둘러싼 주변국, 특히 강대국들 틈에서 어떻게 하면 우리의 자주성을 지키면서 한반도 통일에 대한 지지를 이끌어낼 것인가를 고민하면서, 나는 통일외교에 일조하는 외교관이 되고 싶었다. 그게 말처럼 쉽지는 않았던지라 가끔 아빠를 만날 때면 내가 외교관으로서 식견과 통찰력이 부족함을 아쉬워하곤 하셨다. 그래서 결국 외통위원이 되어 직접 나서신 듯하다. 국회 업무를 담당하는 동료 얘기에 따르면 외통위 질의답변에서 아빠 차례가 되면 다들 숨죽여 열심히 듣는다고 한다.

 역시 천정배다. 사안을 끝까지 파고들어 분별해내는 명쾌한 판단력, 통일이라는 시대적 고민에 대한 진지한 성찰까지, 내가 외교관으로서 아빠를 넘어설 수 있을까. 학구적이기보다는 사람들과 어울려 놀기 좋아하는 성격의 내가 가끔 마음을 다잡고 외교관이 되고자 했던 초심으로 돌아가 새롭게 다짐하게 되는 건 아빠만 못한 딸이라는 얘기를 듣기 싫어서, 그리고 아빠의 못 다한 꿈을 대신 이루고 싶어서인 듯하다.

나의 노선 My Way
— 천정배의 삶과 정치 역정 The life and political journey of Chun Jung-bae
ⓒ 천정배

| 1판 1쇄 발행 | 2020년 1월 3일 |

지은이	천정배
펴낸이	정홍수
펴낸곳	(주)도서출판 강
출판등록	2000년 8월 9일(제2000-185호)

주소	서울시 마포구 동교로 17안길 21(우 04002)
전화	02-325-9566
팩시밀리	02-325-8486
전자우편	gangpub@hanmail.net

값 12,000원
ISBN 978-89-8218-249-5   03810

이 도서의 국립중앙도서관 출판예정도서목록(CIP)은 서지정보유통지원시스템 홈페이지(http://seoji.nl.go.kr)와 국가자료종합목록 구축시스템(http://kolis-net.nl.go.kr)에서 이용하실 수 있습니다.(CIP제어번호: CIP2019052691)

* 잘못 만들어진 책은 구입처에서 교환해드립니다.